Evaluación y postevaluación en educación infantil

Dados Internacionais de Catalogação na Publicação (CIP)
(Câmara Brasileira do Livro, SP, Brasil)

Evaluación y postevaluación en educación infantil : cómo evaluar y qué hacer después / Victoria Mir Costa...[et al.]. -- São Paulo : Cortez ; Madri : Narcea, 2016.

Outros autores: Maria Teresa Gómez Masdevall, Llorenç Carreras i Sureda, Montserrat Valentí i Plantés, Anna Nadal i Farreras

Equipo de trabajo: Mireia Crespo i Torres, Coral Saus i Raurrel, María Dilmé i Gualta, Montserrat Planas de Farners i Valentí.

ISBN 978-85-249-2485-9 (Cortez)
ISBN 978-84-277-1472-4 (Narcea)

1. Avaliação educacional 2. Educação - Finalidades e objetivos 3. Educação de crianças 4. Educação infantil - Qualidade I. Mir Costa, Victoria. II. Gómez Masdevall, Mª Teresa. III. Carreras i Sureda, Llorenç. IV. Valenti i Plantés, Montserrat. V. Nadal i Farreras, Anna.

16-06313   CDD-370.783

Índices para catálogo sistemático:

1. Avaliação educacional : Educação infantil   370.783

Evaluación y Postevaluación en Educación Infantil

CÓMO EVALUAR Y QUÉ HACER DESPUÉS

AUTORES:

**Victoria Mir Costa
M.ª Teresa Gómez Masdevall
Llorenç Carreras i Sureda
Montserrat Valentí i Plantés
Anna Nadal i Farreras**

EQUIPO DE TRABAJO:

**Mireia Crespo i Torres
Coral Saus i Raurrel
María Dilmé i Gualta
Montserrat Planas de Farners i Valentí**

CORTEZ EDITORA   narcea

Nuestro más sincero agradecimiento:

A los alumnos, compañeros y directores de las escuelas que han hecho posibles este trabajo.

A los centros colaboradores: «Escuela Annexa Joan Puigbert», «Escuela Migdia», «Centro E. E. Palau» de Girona.

A nuestras familias por los ratos de prolongada ausencia.

A los entusiastas Jordi Carreras y Toni Marco por sus colaboraciones informáticas.

Direitos de impressão no Brasil — Cortez Editora

Rua Monte Alegre, 1074 – Perdizes
05014-001 – São Paulo – SP
Tels.: (55 11) 3864-0111 / 3611-9616
cortez@cortezeditora.com.br
www.cortezeditora.com.br

Nenhuma parte desta obra pode ser reproduzida ou duplicada sem autorização expressa da autora e do editor.

© NARCEA, S. A. DE EDICIONES
Paseo Imperial, 53-55 28005 Madrid (España)

www.narceaediciones.es

Dibujo de la cubierta: M.ª Teresa Gómez Masdevall

Edição original
ISBN: 978-84-277-1472-4 (Narcea)

Impresso no Brasil — agosto de 2016

Índice

PRÓLOGO, Serafí Antúnez 9

INTRODUCCIÓN 13

1. LA EVALUACIÓN Y LA POSTEVALUACIÓN
La evaluación: ¿qué evaluamos? ¿cuándo evaluamos? ¿cómo evaluamos? ¿para qué evaluamos? 15
La postevaluación 19

2. ECOLOGÍA EDUCATIVA
El Juego como medio de aprendizaje y evaluación 23
Juegos para la evaluación 26
Los Hábitos como base educativa. Clasificación de hábitos. Tabla registro de hábitos 32
Juegos para mejorar los hábitos: juegos de relevos y juegos de control respiratorio 39
Cuentos para mejorar los hábitos 42

3. EVALUACIÓN Y POSTEVALUACIÓN DE LAS ACTITUDES
Evaluación y autoevaluación del clima del aula. Modelo 1: Evaluación de la metodología, organización y dinámica del aula, y resultados del aprendizaje. Modelo 2: Evaluación de los sentimientos y actitudes del educador 51
Recursos psicopedagógicos. Tipos caracterológicos. El Sociograma como recurso para detectar actitudes 59
Relación de los alumnos y alumnas con sus maestras y maestros ... 69
Tabla registro de problemas de conducta 79
Postevaluación de las actitudes 80

Repertorio de juegos para corregir, evitar o favorecer actitudes 82
Cuentos para trabajar las actitudes 90

4. RECURSOS DE TRABAJO Y DE POSTEVALUACIÓN

Rincones, Proyectos y TIC 101
Los Rincones del juego simbólico: la Casita; la Tienda o Supermercado; el Hospital o el Médico; Comunicación: Televisión y Correos. 103
Los Proyectos de trabajo: desarrollo de un Proyecto; ejemplos de Proyecto de trabajo: el Caracol y los Números 123
Las nuevas TIC. Cómo las aplicamos en la escuela infantil: la Informática; tabla registro de las actitudes en informática 149
Recursos de Aula: la Asamblea y los Agrupamientos 158

5. EVALUACIÓN Y POSTEVALUACIÓN DE CONTENIDOS

Evaluación del Esquema Corporal, la figura humana. Registro de valoración 165
Evaluación del lenguaje Matemático y del lenguaje Verbal 170
Lenguaje Matemático y Registros de valoración del lenguaje matemático 171
Postevaluación del lenguaje matemático: itinerarios complementarios para atender a la diversidad 188
Los cuentos como recurso para aprender los números 195
Lenguaje Verbal y Registros de valoración del lenguaje verbal 199
Postevaluación del lenguaje verbal: itinerarios complementarios para atender a la diversidad 215

6. CONTROL FONÉTICO

Pruebas de control fonético: lenguaje repetitivo y lenguaje espontáneo 223
Juegos para corregir las dificultades del habla 229
Cuentos para corregir las dificultades del habla 230

7. INFORMES A LAS FAMILIAS

Informe a la familia. Educación Infantil P-3 234
Informe a la familia. Educación Infantil P-4 242
Informe a la familia. Educación Infantil P-5 249
Tabla registro de valoración final de etapa P-5 256

BIBLIOGRAFÍA 261

Prólogo

Evaluar, en educación escolar, supone algo más que localizar evidencias, efectuar comprobaciones, medirlas —si es que se puede— y expresar un juicio de valor sobre ellas. Resulta satisfactorio constatar cómo, cada vez con mayor énfasis, se le otorga también otro sentido preferente en nuestras escuelas. La idea de la evaluación como ejercicio reservado para el final de una secuencia educativa, con intención clasificadora y certificadora, ha dejado paso a otras concepciones cuyo propósito es conocer hechos, observar procesos y saber resultados, más con el afán de analizarlos e interpretarlos que de medirlos; más con la intención de obtener datos y razones para fundamentar y orientar qué es lo que se va a seguir haciendo que de clasificar u otorgar una calificación sobre una tarea conclusa.

Éstas, sin duda, son las convicciones que han guiado a las personas que han escrito el libro que presentamos. El convencimiento de que la evaluación constituye un ejercicio que involucra la búsqueda organizada de información sobre el trabajo de los docentes y el desarrollo de las capacidades del alumnado, con el fin de encontrar guías que ayuden a confirmar, corregir y adaptar procesos de enseñanza que mejoren el servicio que proporcionamos a nuestros estudiantes. Las autoras y autor son docentes en diversas escuelas de Girona, vinculados por la preocupación por mejorar sus prácticas profesionales y por la búsqueda de alternativas, a través de procesos de reflexión compartida y trabajo colaborativo. El elocuente título de la obra proporciona pistas confiables sobre el interés de este inquieto y activo grupo de colegas y del contenido del texto que nos proponen.

A través de sus capítulos nos ofrecen un atractivo recorrido que sugiere, entre otras indicaciones, que *la evaluación, en educación escolar:*

- *Es una labor que no se puede desvincular de las tareas de enseñanza y de las prácticas de aprendizaje* ya que unas y otras emergen y acontecen de manera incesante y resulta poco conveniente distorsionarlas mediante discontinuidades. Esa poco deseable ruptura es una de las consecuencias cuando se trata de hacer paréntesis guardando períodos de tiempos exclusivos para evaluar, como si no hubiese sostenidas ocasiones para hacerlo continuamente.

- *Constituye una actividad que emerge de manera natural y espontánea en el escenario del aula.* Se puede conocer lo que en ella acontece sin necesidad de los artificios y liturgias de los exámenes y pruebas ya que el desarrollo de las capacidades del alumnado, y no sólo las que se suelen asociar a los hábitos personales y sociales, pueden analizarse satisfactoriamente si, como nos proponen el autor y las autoras se desarrollan adecuados procesos de observación sistemática con ayuda de instrumentos pertinentes.

- *Debería involucrar a los equipos de docentes en una actividad de reflexión compartida,* en un proceso de investigación en la acción del que se hace partícipes a las familias del alumnado mediante la información, la consulta y la cooperación, y también a los propios niños y niñas.

- *Requiere de una predisposición favorable a llevarla a cabo* como un proceso complejo en el que diferentes fuentes, momentos, agentes e instrumentos deben ser considerados concurrentemente.

- *Constituye una herramienta de probada utilidad* para detectar al alumnado que muestra una evolución inesperada en relación con el desarrollo de sus capacidades ya que permite conocer las causas y ayuda a articular el pertinente dispositivo de acciones para atenderle adecuadamente.

Es ese dispositivo, precisamente, en forma de múltiples ejemplos, instrumentos y procedimientos, una de las aportaciones más sustantivas del texto. Este variado repertorio construido a partir de las experiencias vividas y analizadas en las aulas, se presenta de manera ordenada, según se acomode al objeto de evaluación en cada caso: hábitos, conocimiento de sí mismo, educación de los sentidos, de las emociones, las capacidades de expresión y comprensión en relación con los lenguajes verbal, matemático, musical, plástico, etc. Ejercicios bien detallados, herramientas de registro para docentes y para el alumnado o especímenes de información a las familias forman parte de un completo panorama de herramientas de gran utilidad práctica. El empleo de todo ello nos sitúa en escenarios ricos en estímulos: rincones de trabajo a través del juego simbólico, proyectos globalizados, con el acompañamiento de las tecnologías de la información y la comunicación o a través de la adecuada alternancia entre la atención individual a los niños y niñas y el trabajo grupal mediante las asambleas.

El análisis de los resultados del trabajo docente lleva a las autoras y al autor del texto a plantearse y a plantearnos alternativas de mejora que no afectan únicamente a los modos de enseñanza sino también, y de manera muy especial, a los aspectos organizativos del aula: la disposición de elementos materiales dentro de ella, los sistemas de agrupamiento del alumnado o la utilización de los espacios. La obra pone en evidencia, una vez más, que el modelo organizativo condiciona el modelo didáctico y que cualquier innovación que se pretenda en éste deberá tener repercusiones en aquél.

Tenemos en las manos un texto muy útil, tanto para las personas que se inician en los estudios de formación del profesorado en nuestras instituciones universitarias como para aquéllas que reflexionando sobre su práctica o mediante otros procesos de formación permanente están interesadas en su desarrollo profesional. Unas y otras van a poder encontrar en él un probado, profuso, diverso y pertinente banco de recursos para el ejercicio docente en la etapa de educación infantil.

Ojalá que esta obra estimule a otros colegas a sistematizar también sus reflexiones profesionales y a darles la forma adecuada para convertirlas en producciones que puedan ser puestas a disposición del colectivo docente.

Serafí Antúnez
Departamento de Didáctica y Organización Educativa
Universidad de Barcelona

Introducción

La escuela no puede estar al margen de los cambios sociales, ni de los avances tecnológicos y científicos, más aún, debe ser el espacio abierto en el que se inicie y favorezca el aprender a ser personas felices, creativas, maduras y solidarias en construir un mundo que pese a los avances tecnológicos esté siempre inmerso en un progreso de humanismo, alejado de la esclavitud del tener, para forjar una convivencia en armonía con el entorno y la diversidad étnica-cultural.

Deseamos que este libro sea una buena herramienta, muy práctica, puesto que es una selección de trabajos realizados para facilitar la evaluación continua y especialmente para resolver los supuestos en que los resultados de la evaluación sean muy favorables o desfavorables, a fin de permitir que cada uno de los alumnos y alumnas pueda acercarse más, en lugar de remarcar las diferencias. Creemos necesario iniciarlo ya, en la etapa infantil que es donde se ponen los cimientos para poder edificar con eficacia en las etapas posteriores.

Cada cual ha contribuido con su ilusión y esfuerzo, ya sea aportando experiencia, análisis, reflexión o creatividad.

Con los avances de las nuevas TIC el profesorado ha de abandonar la transmisión de conocimientos para potenciar los roles de animador, orientador y desvelador de deseos de saber, de explorar, de búsqueda, de curiosidad ante la realidad de sus alumnos y alumnas. Deja de ser el dispensador de conocimientos para convertirse en agente afianzador de la autoestima de los alumnos, favorecedor de su libertad, suscitador del esfuerzo individual y del trabajo cooperativo, motivador de nuevos interrogantes y descubrimientos y en resumen un elemento estimulador de la creatividad.

Favorecemos en nuestros alumnos la creatividad cuando:

- Permitimos que tengan iniciativas.
- Cultivamos su imaginación.
- Provocamos la reflexión y el pensamiento creativo.
- Evitamos dar respuestas antes de incitarles a buscarlas.
- Ayudamos a descubrir y expresar su originalidad al mismo tiempo que sus limitaciones.
- Estamos convencidos de que no hay libertad sin responsabilidad.

Es necesario lograr un equilibrio entre la ayuda que ofrecemos y el esfuerzo personal que les exigimos. Hay que propiciar ocasiones de actuar libre y responsablemente sin ahorrarles el esfuerzo de aprender, de ahí nace la razón de trabajar mediante rincones y proyectos. Por otra parte, hemos de valorar correctamente el progreso en el aprender de cada alumno, ello nos exige revisar nuestras actitudes:

- De atención personal.
- De comprensión, que no es conformismo ni indiferencia.
- De valoración equitativa de sus esfuerzos y capacidades.
- De reconocimiento de su originalidad y sus limitaciones.
- De aceptación personal como fruto de un diagnóstico amplio y contrastado (evaluaciones, observaciones) y jamás usado para clasificar ni para comparar.

Estas actitudes dan al alumno la confianza de que su maestro, maestra y educador cree en él y espera lo mejor.

No olvidemos que nuestras actitudes ganan calidad cuando somos asertivos y estamos satisfechos de nuestro quehacer diario, pues si es cierto que educamos más con lo que somos que con lo que enseñamos nuestra actitud primordial ha de ser la coherencia.

1. La evaluación y la postevaluación

LA EVALUACIÓN

Entendemos la *evaluación* como un instrumento de investigación, más que de selección, que implica un conjunto de actuaciones que permiten valorar cualitativamente los planteamientos, los objetivos y el nivel de contenidos: conceptuales, actitudinales y procedimentales, así como las personas (educando y educador) que intervienen en el proceso educativo.

La evaluación ha de posibilitar el ajuste progresivo de este proceso pedagógico a las características y necesidades de los individuos y de los grupos, de modo que sea eficaz al perfeccionamiento continuo del proceso enseñanza-aprendizaje.

Por tanto, evaluar es entender y valorar los procesos y los resultados de la intervención educativa, siendo su finalidad mejorarla y adecuarla de manera continuada a las necesidades de los alumnos como recurso de atención a la diversidad y como garantía de eficacia del proceso educativo.

Al hablar de *evaluación* debemos distinguir varios conceptos:

- La evaluación *orientada al alumnado, al profesorado y al clima del aula*.
- La evaluación *orientada a la programación y materiales curriculares*.

- La evaluación *orientada a la toma de decisiones* sobre los procedimientos y la calidad de sus resultados.
- La *postevaluación orientada a diseñar actividades* adecuadas a los distintos niveles de asimilación y logro de los objetivos previstos.
- La *funcionalidad de todos los aprendizajes adquiridos* en el proceso escolar como proyección de futuro para afrontar los cambios sociales.

¿Qué evaluamos?

- Conocimiento y actitudes previas (metacognición).
- Adecuación de los contenidos a las necesidades, motivaciones e intereses.
- Capacidades para mejorar cualquier aprendizaje.
- Planteamientos, procedimientos y resolución de problemas reales.
- El clima del aula como caldo de cultivo para motivar el aprendizaje y obtener el perfeccionamiento progresivo del alumnado y evitar la desmotivación o estrés del profesorado.

¿Cuándo evaluamos?

La *evaluación inicial* nos permite conocer la situación del alumnado, es decir, los conceptos previos que tiene, la capacidad de respuesta y las relaciones con el entorno familiar y social.

La *evaluación formativa* o *continua* se fundamenta en el reconocimiento de cada alumno/a y en el análisis de su proceso de aprendizaje. El objetivo es describir e interpretar, no para medir ni clasificar al alumno sino para valorar las distintas actividades que ejecuta, analizando más el desarrollo del proceso madurativo del alumno, su esfuerzo y actitud que el resultado final del proceso; todo ello a fin de tomar decisiones pertinentes para alcanzar los objetivos propues-

LA EVALUACIÓN Y LA POSTEVALUACIÓN

tos, evitando que no decaigan ni la motivación ni el interés del alumnado.

Es más fácil evaluar conceptos y procedimientos que las actitudes, por eso es preciso idear estrategias lo más diversificadas posibles con el fin de lograr la mayor objetividad y riqueza de los aspectos a evaluar. Ello implica una evaluación individualizada que pone énfasis en el desarrollo personal más que en la comparación con las normas generales de rendimiento, cuyo objetivo es orientar más que seleccionar o clasificar, respetando la personalidad, capacidad, intereses y motivaciones del alumno.

La *evaluación sumativa* permite comprobar el grado de cumplimiento de las intenciones educativas. Tiene razón de ser como instrumento de control del proceso educativo y como fuente de información para el alumnado. Dado que las intenciones educativas conciernen al aprendizaje de los alumnos, la evaluación final ha de manifestar el éxito o el fracaso del proceso educativo, no el de las personas.

¿Cómo evaluamos?

Evaluamos *globalmente* cuando tenemos en cuenta las interacciones con otras áreas, maestros, grupos de alumnos, situaciones familiares, ambiente social, etc.

Evaluamos *integradoramente* cuando tenemos en cuenta los hechos, conceptos, procedimientos, valores, normas y actitudes en su conjunto y con sus implicaciones personales y sociales.

Evaluamos *intuitivamente* concretando situaciones y tomando decisiones que ayuden a conseguir una autonomía y una autorregulación de la fuerza docente.

Todo ello podemos hacerlo observando directamente la participación responsable en tareas de grupo, en el dominio de las reglas del funcionamiento de la asamblea, por medio de:

- La relación dialogante con el pequeño o gran grupo.
- Actividades en las que se expresan las ideas sobre el cómo, el porqué de las cosas, de los hechos y de las situaciones.

- La activación de la curiosidad y la estimulación de la búsqueda de medios para resolver problemas o situaciones planteadas ya sea de forma oral o por escrito.
- La orientación de la recogida de datos para debates, exposiciones, entrevistas, etc.

También podemos hacerlo a través de la observación indirecta mediante grabaciones, pruebas escritas muy flexibles y variadas, hojas de observación sistemática, etc.

¿Para qué evaluamos?

Para poder concretar el nivel de competencias asimiladas por el alumno y saber cómo replantear el proceso educativo; situación que nos conducirá a diseñar la postevaluación.

A continuación, incluimos un *Mapa Conceptual ¿Qué es evaluar?* que permite tener una visión amplia, concisa y estructurada de todo el proceso de la evaluación partiendo de su definición y desarrollo, hasta su finalidad.

Cada uno de los conceptos aparece ampliado con todas las implicaciones e interacciones posibles para conseguir después de un largo proceso la autonomía de los alumnos y la autorregulación de la función docente.

Evaluar:

- *Es* dar respuesta, valorar e investigar los conocimientos, las actitudes del alumno y los procedimientos utilizados con los resultados obtenidos.
- *Consiste* en realizar el seguimiento, tomar decisiones durante todo el proceso enseñanza-aprendizaje.
- *Implica* alumnos y profesores. En cuanto a los alumnos saber los conocimientos previos y los que precisa adquirir para llegar a ser autónomo (metacognición). Para los profesores supone revisar objetivos, procedimientos y planteamientos (metodología) y autoevaluarse para tomar decisiones.

En su desarrollo:

- Hay *que* tener en cuenta, maestros, alumnos, material curricular y clima del aula porque existe una interacción real.
- *Cuando* evaluamos siempre será al inicio (conocimientos previos), durante (para poder rectificar) y después (para programar la postevaluación).

Tiene por finalidad:

- Comprobar los objetivos, mejorar la metodología y diseñar la postevaluación.

LA POSTEVALUACIÓN

La postevaluación sería el conjunto de estrategias y actividades diseñadas específicamente para cada uno de los resultados grupales o individuales a lo largo de la evaluación final, con el mínimo fracaso posible.

En cualquier faceta de la evaluación formativa obtenemos unos resultados, según los cuales podemos agrupar a los alumnos en tres niveles:

A) Los que presentan insuficiencias más o menos destacadas debido a su baja capacidad, ritmo de aprendizaje lento o situaciones emocionales.

B) Los que presentan algunas lagunas precisando mejorar determinados aspectos, porque manifiestan desfases significativos en sus aprendizajes anteriores o en su atención.

C) Los que han integrado muy bien los contenidos, las actitudes, normas y valores, porque tienen alta capacidad de asimilación.

Generalmente las adaptaciones curriculares suponen la adopción de medidas específicas orientadas a lograr que los grupos A) y B) alcancen los niveles adecuados de la programación.

Algunos no superan el grupo A) y precisan refuerzos fuera o dentro del aula a fin de integrarlos posteriormente en mejores condiciones de lograr un nivel óptimo.

¿QUÉ ES

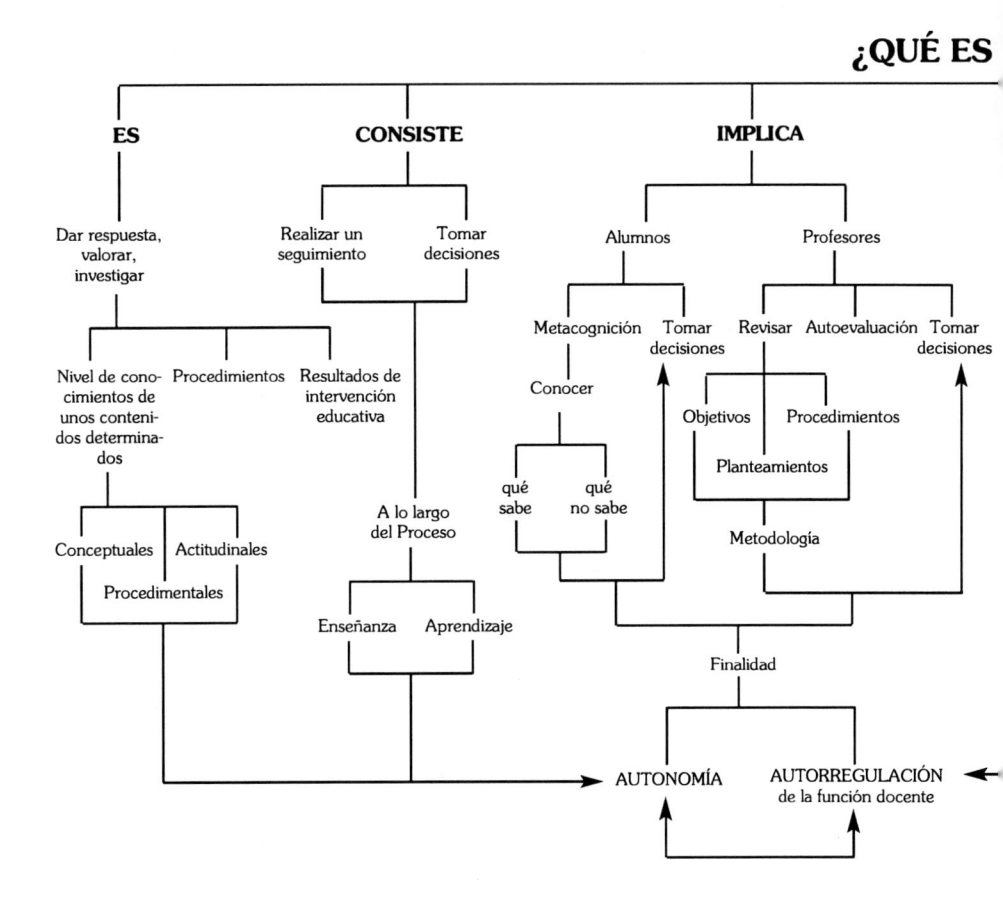

ES
Dar respuesta, valorar, investigar
- Nivel de conocimientos de unos contenidos determinados
  - Conceptuales
  - Actitudinales
  - Procedimentales
- Procedimientos
- Resultados de intervención educativa

CONSISTE
- Realizar un seguimiento
  - A lo largo del Proceso
    - Enseñanza
    - Aprendizaje
- Tomar decisiones

IMPLICA

Alumnos
- Metacognición
  - Conocer
    - qué sabe
    - qué no sabe
- Tomar decisiones

Profesores
- Revisar
  - Objetivos
  - Procedimientos
  - Planteamientos
  - Metodología
- Autoevaluación
- Tomar decisiones

Finalidad

→ AUTONOMÍA   AUTORREGULACIÓN ←
de la función docente

LA EVALUACIÓN Y LA POSTEVALUACIÓN

¿EVALUAR?

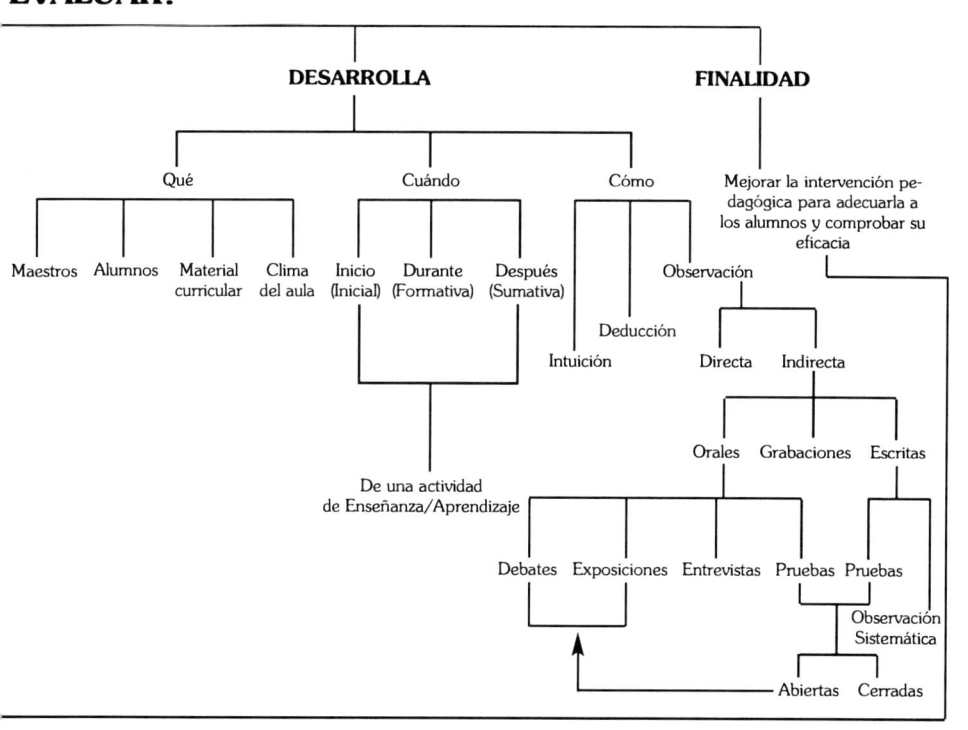

- **DESARROLLA**
  - **Qué**
    - Maestros
    - Alumnos
    - Material curricular
    - Clima del aula
  - **Cuándo**
    - Inicio (Inicial)
    - Durante (Formativa)
    - Después (Sumativa)
      - De una actividad de Enseñanza/Aprendizaje
  - **Cómo**
    - Intuición
    - Deducción
    - Observación
      - Directa
        - Orales
          - Debates
          - Exposiciones
        - Grabaciones
          - Entrevistas
        - Escritas
          - Pruebas
      - Indirecta
        - Pruebas
          - Abiertas
          - Cerradas
        - Observación Sistemática

- **FINALIDAD**
  - Mejorar la intervención pedagógica para adecuarla a los alumnos y comprobar su eficacia

© narcea, s.a. de ediciones

21

Por otra parte, no suele haber un planteamiento bien diseñado para que el grupo C) no se desmotive o avance de manera que se distancie excesivamente del grupo B).

La singularidad de este reducido grupo de alta capacidad conlleva una riqueza que, si se atiende debidamente, transforma radicalmente el ambiente escolar. Ampliar contenidos y acomodar ritmos de aprendizaje revierte siempre en una madurez personal y óptima adaptación social del individuo, y es la mejor prevención de disfunciones emocionales y conductuales.

En la secuenciación de los contenidos de cada área pueden analizarse los aspectos posibles de ser ampliados en extensión o en profundidad y los que requieren mayor dificultad a fin de elaborar programas de enriquecimiento, como sería la elaboración de itinerarios complementarios para los alumnos con ritmos rápidos y alta asimilación; seleccionar temas novedosos, interesantes, elegidos por ellos; abordar situaciones funcionales y cercanas, aplicándolas a nuevos contextos con distintos grados de profundidad; optar preferentemente por aspectos actitudinales y contenidos referentes a la comunicación y a la convivencia. De un mismo contenido, crear propuestas de distintos grados de dificultad y realización de actividades que conlleven variadas posibilidades de ejecución y expresión.

Todo ello ha de aplicarse manteniendo un clima que propicie sentimientos de pertenencia al gran grupo, a la vez que se ofrezca al alumnado oportunidades de sentirse útil y necesario a la comunidad escolar.

2. Ecología educativa

Utilizamos el término *ecología* en la acepción de un uso razonable y equilibrado de los recursos naturales para obtener el máximo beneficio y la menor pérdida o agresión posible.

Por eso, el juego como actividad innata en la persona y más espontánea en los niños, nos permite acceder a la adquisición de unos hábitos que, por no ser innatos, precisan de estímulos constantes y diversificados.

El juego desvela actitudes que les permitirán madurar como personas, porque creemos que potencia todo lo positivo que incluye la ecología de una distribución y utilización lógica de recursos educativos a la vez que evita los aspectos negativos de agotamiento de recursos naturales, es decir, el estrés del profesor y la apatía o desinterés de los pequeños.

EL JUEGO COMO MEDIO DE APRENDIZAJE Y EVALUACIÓN

Antes de hablar y andar el bebé ya juega. Poco a poco el juego se va convirtiendo en un medio de proyección de los sentimientos y del carácter: el niño proyecta en sus juguetes el afecto u odio, son objeto de sus alegrías y le protegen del miedo que pueda sentir.

Llegarán más tarde los juegos de imitación, de creación e imaginación, para desarrollar la capacidad de relacionarse socialmente.

El niño siente placer jugando, pero también expresa a través del juego su deseo de dominar la realidad y llegar a ser autónomo y libre.

Nadie hoy, en el mundo de la educación, se cuestiona la importancia del juego. Jugar ya no es una forma de perder el tiempo sino de ganarlo. El juego es importante para el crecimiento y el desarrollo. Jugar es imitar, imaginar, es entrar en relación, es pasar de lo real a lo fantástico y de lo fantástico a lo real, jugar es luchar, esforzarse y divertirse.

Debemos reconocer el juego no sólo como una actividad de placer sino también de aprendizaje y de evaluación.

El juego adquiere una importancia relevante en diversos aspectos del desarrollo infantil. Es muy importante para el crecimiento corporal. A medida que el niño aprende a desplazarse, gateando, subiendo y bajando de los sitios, caminando, corriendo, coordinando los movimientos, desarrolla sus músculos y el ejercicio favorece la oxigenación y la buena realización de las funciones orgánicas. Cuando salta, se agacha, gira o da vueltas aprende a dosificar el esfuerzo, mejora la resistencia física y consolida el sentido del equilibrio.

A través del juego se aprende a descubrir y experimentar. Manipulando los objetos, el niño descubre sus cualidades de forma, color, textura, tamaño, temperatura... y aprende a observar relaciones de causa-efecto, así como a situarse en el espacio y calcular distancias.

El juego aporta también elementos para ordenar el pensamiento. El niño aprende conceptos espaciales, se sitúa en el tiempo, observa principios de causalidad, comprueba sus propias hipótesis y va adquiriendo conocimiento de sí mismo y de la realidad que lo envuelve.

Mediante el juego, descubre las cualidades de los objetos y su significado, y va construyendo el conocimiento de sí mismo y de los demás, hallando las propias relaciones con el entorno, se hace consciente de sus capacidades estableciendo un autoconcepto más claro y realista.

El juego tiene además un valor terapéutico. Provoca la catarsis y la eliminación de la energía retenida; no sólo proporciona un alivio a las tensiones emocionales sino también una salida a las necesidades y deseos que no pueden satisfacerse de otra manera. Su valor terapéutico se ha empleado para tratar los problemas de conducta basándose en el hecho de que es el medio natural de expresión infantil.

Además, el juego proporciona un marco privilegiado de observación y por tanto de evaluación. En el juego se encuentran entrelazados los cinco *ámbitos* básicos para un desarrollo integral de la personalidad infantil:

- Ámbito *cognitivo*. Engloba todos los aprendizajes que hacen referencia a la adquisición de conocimientos, aquello que se ha de saber, la cantidad de información de la que dispone y el hecho de saberla relacionar y aplicar en diferentes momentos de la vida.
- Ámbito *psicomotor.* Lo constituyen todos aquellos aprendizajes que hacen referencia a la adquisición de técnicas y de habilidades motrices. Favorece la precisión en los movimientos.
- Ámbito *afectivo-social.* A éste pertenecen los aprendizajes de actitudes, comportamientos, todo aquello que se refiere al dominio afectivo y a los componentes sociales de la educación.
- Ámbito *de la personalidad.* Pertenecen a este ámbito, la dimensión afectiva, comportamental, subjetiva y la dimensión más generalizada de la personalidad que es el «yo».
- Ámbito *de la salud.* Incluye aquellos aprendizajes dirigidos a favorecer el crecimiento físico armónico, el buen funcionamiento orgánico y el equilibrio mental necesarios para conseguir un desarrollo saludable.

La escuela ha de ser un lugar de aprendizaje, de convivencia y de asueto, el juego es el medio vehicular que la escuela ha de utilizar para llegar a conseguir que el niño aprenda lo que consideramos imprescindible para actuar de forma crítica en la sociedad que le envuelve.

Frente al esfuerzo instructivo necesario para el dominio de ciertos conocimientos, observamos la naturalidad con que se aprenden y dominan los ámbitos del saber mediante situaciones de juego espontáneo y dirigido. El dominio del lenguaje se adquiere a partir de la interacción informal, y muchas veces lúdica, entre niños y niñas, y los adultos interesados y motivados hacia su desarrollo.

Cuando los niños juegan, si cuidamos las propuestas y los materiales que les ofrecemos, se potencian las capacidades cognitivas y de lenguaje a la vez que nos facilita un valioso entretejido de actividades diversificadas y graduadas para la postevaluación.

Juegos para la evaluación

A través del juego podemos mejorar actitudes, comportamientos, incluso contenidos. A continuación exponemos algunos juegos a modo de ejemplo, son nueve en total, e indicamos algunos aspectos que se pueden evaluar a través de ellos:

1. «EN EL ZOO»

Desarrollo

De dos en dos, los niños eligen el nombre de un animal. Uno de cada pareja lleva los ojos vendados. Todos los "ciegos" se reúnen en un extremo del aula y los demás en el otro. A una señal, los que no llevan venda imitarán el grito convenido del animal elegido permaneciendo inmovibles. En silencio, cada "ciego", guiado por el grito de su pareja, intenta encontrarla. Cuando lo logra se abrazan y van corriendo a sentarse.

Posibles evaluaciones:

- Rapidez en elegir el animal, poniéndose de acuerdo.
- Discriminación auditiva.
- Fonética correcta.
- Observación de las normas.
- Autocontrol (los "ciegos").

2. «EL TESORO»

Desarrollo

Después de haber examinado el tesoro (cajita, manzana, libro...) todos los jugadores salen, mientras el tutor con un voluntario esconden el tesoro. Todos vuelven a entrar en silencio y realizan una inspección ocular. En cuanto un jugador descubra el tesoro, comunica su hallazgo al tutor o al compañero que lo escondió. Si es correcto, se le felicita y puede sentarse. Hay que limitar el tiempo. Al final el último enseña a los más lentos dónde estaba escondido el tesoro y el primero en encontrarlo se queda para esconderlo de nuevo.

Posibles evaluaciones:
- Agilidad visual.
- Respetar las normas, especialmente el silencio y hablar en voz baja.
- Autocontrol en el descubrimiento.
- Saber perder y ganar.
- Perseverancia.

3. «LOS COLORES»

Desarrollo

Se disponen cartones de colores en parejas de rojo, amarillo, verde, azul, blanco, negro, para los más pequeños; a medida que los aprenden les podemos añadir más cartones de colores.

Se distribuyen los colores uno a uno hasta agotar los cartones, a los niños sentados alrededor de una mesa.

El juego consiste en formar parejas de colores; pero para poder echarlos encima de la mesa hay que saber nombrar el color. El color mal nombrado es rehusado y el jugador vuelve a coger los cartones.

Los cambios se realizan por turnos. Cada jugador coge un cartón de su vecino de la izquierda sin haberlo mirado antes.

El jugador que ha emparejado todos sus cartones y los ha podido dejar encima de la mesa se retira del juego como ganador y observa a los otros.

Posibles evaluaciones:

- Facilidad en emparejar y nombrar los colores.
- Saber aceptar que te cojan un cartón emparejado.
- Saber ganar y perder.
- Mantenerse tranquilo hasta el final del juego.
- Jugar sin hacer trampas.

4. «MAMÁ COMPRA»

Desarrollo

Los niños están colocados en semicírculo. La tutora o un jugador empieza el juego diciendo: «Mamá compra un peine». Todos repiten la frase y realizan la acción de peinarse.
«Mamá compra un abanico».
«Mamá compra un reloj».
«Mamá compra un columpio».
A cada nueva compra, repiten la frase y realizan correctamente el gesto. Si un niño se equivoca, repite él solo la frase y el gesto dos veces.

Posibles evaluaciones:

- Grado de atención, «errores».
- Corrección gestual.
- Mostrar cansancio o apatía.
- Distracciones.

ECOLOGÍA EDUCATIVA

5. «PASA PALABRA»

Desarrollo

Puede servir cualquier cuento conocido de los pequeños. La tutora les comunica que van a explicar el cuento a trocitos, un poquito cada uno.

Los alumnos se colocan en círculo, de pie. La tutora inicia el cuento: «Érase una vez una ratita muy trabajadora y muy presumida». Se pone la mano en la boca como si cogiera la palabra y se la pasa al niño de la derecha o al de la izquierda. Éste debe continuar el cuento imitando a la tutora y pasar la palabra a su vecino. Si un niño no sabe continuar o se corta debe pasar la palabra a su compañero, dejar su sitio y colocarse a la izquierda o derecha (depende de la dirección que tome el juego) de la tutora, de este modo tendrá otra oportunidad.

Posibles evaluaciones:

- Mantener la atención.
- Saber continuar.
- Facilidad de palabra.
- Fidelidad a la narración.
- Mostrar azoramiento.
- Enfadarse.
- Perder, voluntariamente, para estar al lado del tutor o la tutora, o para poder acabar el cuento.

6. «DIBUJO EN EQUIPO»

Desarrollo

Se hacen dos pequeños grupos sentados en semicírculo delante de la pizarra. Cada componente tiene una tiza.

La tutora inicia un dibujo para cada equipo con un rectángulo, por ejemplo, y les dice que entre todos, con orden y uno a uno, pueden dibujar una casa muy bonita. Les deja un tiempo y una vez finalizado se comparan los dibujos de cada equipo ponderando todos los detalles desde la chimenea, puerta, ventanas, accesorios...

Posibles evaluaciones:

- Creatividad e imaginación.
- Firmeza del trazo.
- Manera de asir la tiza.
- Molestia si no puede continuar dibujando.
- Le sobra tiempo.
- Está distraído o desmotivado.
- Está más atento al dibujo del otro equipo.
- Se burla de los trazos de algún compañero.

7. «LA FLORISTA»

Desarrollo

Los niños se distribuyen en dos equipos compuestos por el mismo número de personas y en dos líneas diferentes, frente a frente con una separación que les permita correr un trecho adecuado a su edad.

Cada equipo tiene las mismas flores (rosas, margaritas, claveles), cada niño es una flor. La florista tiene una cestita con muchos pétalos (trocitos de papel) y está situada a la misma distancia de cada equipo.

Empieza el juego nombrando la florista una flor. Los dos niños que llevan este nombre salen corriendo hacia la florista. Al que llega primero le da un pétalo, si llegan los dos a la vez, uno a cada uno, y se vuelven a su sitio corriendo. La florista va nombrando flores que pueden repetirse. La partida puede jugarse a diez pétalos o a un tiempo determinado, contabilizando los pétalos.

Posibles evaluaciones:

- Rapidez en salir, atención.
- Correr en línea recta, no en zig-zag.
- Perder el pétalo.

- Enfadarse por no salir más veces.
- Coger el pétalo de otro.
- Querer dejar el juego a la mitad.
- Saber contar los pétalos.
- Saber sumar los de su amigo con los suyos.

8. «BUENOS DÍAS, MAJESTAD»

Desarrollo

Un niño hace de rey; si son muchos puede haber dos pajes. Los demás van con la tutora que les anima a elegir un oficio y a representarlo. En cuanto se ponen de acuerdo, van al rey y establecen este diálogo.

— Buenos días, majestad.
— Buenos días, ¿qué sois?

En este momento imitan una acción u oficio. Cuando el rey y los pajes la saben, la dicen en voz alta, y los otros salen corriendo hasta donde les espera la tutora, donde ya no los pueden coger. Cada niño que es alcanzado pasa a ser rey o paje.

Posibles evaluaciones:
- Dificultades en ponerse de acuerdo en la elección del oficio.
- Dejarse coger para ser rey o paje.
- Enfadarse si no puede coger a nadie.
- Cansarse muy pronto.
- Participar activamente.
- Facilidad para proponer oficios.
- Agilidad.
- Rapidez en adivinar.

9. «CUENTADEDOS»

Desarrollo

Se coloca un niño con la cabeza apoyada en el regazo del tutor. A una señal (con los dedos de las manos indicando el número de niños que se han de levantar) algunos se acercan al que está con el tutor y apoyan todos a la vez un dedo en su espalda. Este niño deberá adivinar cuántos dedos son.

Posibles evaluaciones:

- Apercibirse de un aspecto del tacto, el de la percepción de la piel.
- Saber contar.
- Respetar las reglas, estar sentado y levantarse con orden.
- Apoyar los dedos suficientemente, presionarlos correctamente.
- Querer salir continuamente.
- Enfadarse si no adivina el número de dedos.

En estos juegos u en otros semejantes, descubrimos las actitudes negativas y las destrezas o contenidos no asimilados. Esto nos permitirá continuar con los mismos juegos o con sus variantes, con más o menos dificultad en la postevaluación, hasta alcanzar el nivel de aprendizaje en algunos y un progreso en los otros, siendo para todos una actividad lúdica y divertida, lejos de las repeticiones monótonas de algunos aprendizajes.

LOS HÁBITOS COMO BASE EDUCATIVA

Para nosotros, maestros, psicólogos, pedagogos o educadores es muy importante que nuestros alumnos aprendan y que estén motivados. Actualmente reciben muchos estímulos y aprenden a través de múltiples situaciones.

El ser humano es un todo, y como tal, nos interesa una formación integral como persona, una formación en valores y sentimientos que

ECOLOGÍA EDUCATIVA

le ayude a lo largo de toda su vida. Para ello es necesario la colaboración de padres y maestros.

Cuando nace un niño nos ocupamos diligentemente de que coma, de su habitación, sus juguetes, sus ropitas, etc. Intentamos garantizarle un buen espacio físico, una buena escuela, actividades extraescolares... que le ayuden en su desarrollo. Pero paralelamente debemos asegurarnos de proporcionarle los modelos más adecuados de aprendizaje emocional y de expresión de sentimientos.

En primer lugar, tanto la familia como los maestros hemos de ser capaces de prestar mucha atención al niño cuando nos está explicando algún problema, un conflicto, un éxito o una duda y ser capaces de dejar todo lo que estamos haciendo en este momento y atenderle sólo a él. Con esto demostramos que estamos pendientes de su persona y que sus sentimientos y problemas son tan importantes para nosotros como lo son para él. Esta escucha atenta les hace sentirse valorados, queridos e importantes. A veces sobran palabras, basta asentir con la cabeza, y que el niño no se sienta juzgado por los mayores aunque es preciso ayudarle para que vaya buscando sus propias estrategias. Todo esto hace que el niño se autovalore y repercuta en sus actuaciones. Tendremos mejor comportamiento.

Sentirse comprendido, aceptado y amado por los padres y maestros es requisito para una buena aceptación de sí mismos; este bienestar interior les da paz y felicidad que es lo que pretendemos.

Estudios recientes revelan que la capacidad de expresar los propios sentimientos, simpatía, antipatía, vergüenza, ira... y saber canalizarlos constituye una habilidad social fundamental. Difícilmente el niño podrá desarrollar esta habilidad si el ambiente que le rodea no se lo facilita. Podemos heredar una tendencia de carácter pero un ambiente abierto y comprensivo facilitará la adquisición del control emocional necesario para tener éxito en las relaciones personales.

Las normativas vigentes plantean la educación en valores como un trabajo sistemático. A través de actitudes, valores y normas compartimos los valores en la comunidad educativa. Recordemos que la actitud es una disposición que debemos despertar en el niño para adquirir y asimilar un valor. Cuando la actitud llega a ser fácil de ejecutar tenemos *un hábito*.

El hábito es una respuesta automatizada, adquirida ante un estímulo mediante la repetición y que ha conseguido un determinado grado de perfección, haciendo posible realizar la respuesta rápida y correcta con el mínimo esfuerzo. Es por tanto el procedimiento para llevar a término una acción de la forma más eficaz y rápida utilizando un control consciente mínimo en la ejecución de tal acción. Durante la adquisición del hábito debemos hablar de transformación y perfeccionamiento de dicha acción.

El mejor momento para inculcar los hábitos es en los primeros años, o sea, en la etapa de Educación Infantil.

Algunas veces será conveniente plantearnos unos hábitos como objetivo y al finalizar el curso analizar si se siguen de forma autónoma. Los hábitos hay que mantenerlos porque si no se olvidan. Actuar por hábito quiere decir interiorizar una forma de hacer.

Si un hábito es complejo, es preferible asimilar por separado cada uno de sus componentes, evitando que uno de ellos llegue a consolidarse como finalidad. Por ello es necesario no perder de vista el objetivo final para no quedarnos en las acciones parciales que lo componen.

Esto nos lleva a recordar que el primer requisito para adquirir un hábito es la motivación, que implica a su vez, tener en cuenta las condiciones psicológicas del niño. El segundo es el éxito o aprobación que actúa como refuerzo-recompensa. Además cuanto más pequeños son, menos desarrollada tienen la capacidad de análisis y evaluación de su comportamiento, hecho que van adquiriendo en función de cómo lo valoran los adultos, que deben ser muy ecuánimes al aprobar los resultados de una actividad, no olvidando el esfuerzo de todo el proceso. Si se valora desproporcionadamente el esfuerzo, la aprobación del adulto no sirve de estímulo.

En la fase de formación de un hábito siempre hay actitudes que estimular y corregir, aspectos esenciales y secundarios. Se precisa una distribución correcta de las actividades ordenadas a adquirir un hábito, especialmente el ritmo adecuado de repeticiones, aunque si son excesivamente intensivas se produce un cansancio y aumentan los errores. En la situación opuesta, con intervalos demasiados prolongados, no se establecen las conexiones precisas, imposibilitando la creación de hábitos.

Es preciso evaluar antes de crear hábitos valorando si éstos están al servicio del niño, es decir si lo protegerán de su ego y aumentarán sus capacidades creativas de crítica y de juicio libre, o si, por el contrario, son simples racionalizaciones para mantener la supremacía del adulto y de su ideología particular.

Los hábitos deben ayudar al buen funcionamiento mental del niño aumentando la posibilidad de placer-gozo-bienestar y enriqueciendo su personalidad.

El hábito es negativo cuando domestica, reprime y coarta la libertad. Lo importante es enseñar a los pequeños a conducirse y no conducirlos, estimulando sus iniciativas y su responsabilidad personal.

La *Clasificación de Hábitos* que aparece a continuación en el cuadro de doble página no pretende ser exhaustiva, aquí resumimos los más importantes para la etapa de Educación Infantil.

Dentro de los hábitos *personales* están:

- Hábitos de limpieza
- Hábitos de autonomía

Entre los *colectivos* tenemos:

- Integración de normas básicas para esta edad
- Hábitos de convivencia
- Técnicas de trabajo y estudio
- Hábitos sociales
- Hábitos morales

Creemos que es muy útil esta clasificación para tener una visión rápida de los hábitos a trabajar, evitando olvidar algunos o eludir los más incómodos.

Asimismo nos facilita las entrevistas e informes a los padres al comentar y valorar la variedad de hábitos adquiridos.

Evaluamos los hábitos mediante la observación y las anotaciones personales. Con todo ello se puede apreciar la evolución de cada alumno, sus progresos, etc.

	CLASIFICACIÓN
P **E** **R** **S** **O** **N** **A** **L** **E** **S**	**Limpieza** 1. Saber ir al WC solo. 2. Ser aseado. 3. Lavarse las manos. 4. Saber peinarse. 5. Saber sonarse. 6. Ser ordenado en su persona y en sus trabajos. 7. Dejar limpio y ordenado el lugar donde ha estado trabajando o jugando. 8. Limpiarse cuando se ha ensuciado. 9. No romper ni arrancar las hojas de trabajo, las fichas, los libros... 10. No estropear los juguetes. **Autonomía** 1. Saber vestirse y abrocharse. 2. Saber hacer el lazo de los zapatos. 3. Saber quitarse y ponerse el abrigo, chaqueta, bata... 4. Saber cuidar sus objetos personales. 5. Saber guardar sus trabajos con rapidez. 6. No perder las cosas con mucha frecuencia. 7. Ser capaz de repartir lápices, pinceles, hojas... 8. Colocar la silla debajo de la mesa sin hacer ruido. 9. Tener la capacidad de decisión y de elección. 10. Desplazarse por el centro con normalidad haciendo algún encargo.
C **O** **L** **E** **C** **T** **I** **V** **O** **S**	**Integración de normas** 1. Cumplir y respetar el horario. 2. Saludar al entrar y salir de clase. 3. Respetar el material común. 4. Respetar el material de sus compañeros. 5. Respetar su propio material. 6. Llamar a la puerta antes de entrar. 7. Evitar los ruidos fuertes y los gritos. 8. No dar empujones ni precipitarse al entrar y salir. 9. Saber dar las gracias y pedir las cosas por favor. **Convivencia** 1. Saber trabajar sin molestar a los compañeros. 2. Colaborar en la organización y decoración de la clase. 3. Saber respetar el turno de palabra.

DE HÁBITOS

Técnicas de trabajo y estudio

1. Saber utilizar correctamente los materiales de clase.
2. Saber coger bien el lápiz para escribir.
3. Saber situar el papel en una inclinación correcta.
4. Ser capaz de escuchar una explicación y seguir hasta el final.
5. Presentar los trabajos bien hechos.
6. Aportar nuevas informaciones a los trabajos del aula de forma espontánea.
7. Hablar bajito en clase.

Sociales

1. Saber quitarse el abrigo al entrar en la clase y colgarlo en su sitio.
2. Echar los papeles en la papelera.
3. Saber abrir y cerrar la puerta, cajones, armarios de la clase con educación.
4. Colocar las sillas ordenadamente.
5. Subir y bajar las escaleras de forma adecuada, en grupo y sin empujar.
6. Dejar bien puestos los libros y los juguetes en su sitio.
7. Llamar a la puerta antes de entrar.
8. Cerrar los grifos del lavabo.
9. Saber utilizar el material común.

Morales

1. Ser capaz de ayudar a los demás compañeros del grupo.
2. Tener sentido de la responsabilidad.
3. Evitar las peleas y resolver los problemas con el diálogo.
4. Saber trabajar en pequeño grupo.
5. Saber pedir perdón cuando ha ofendido a alguien.
6. Saber compartir y no quererlo todo para sí.

Intelectuales

1. Tener buena memoria visual, auditiva, perceptiva, motórica y de relación.
2. Tener una buena atención y concentración.
3. Tener atención visual y auditiva.
4. No distraerse con facilidad.
5. Tener buena capacidad de observación y atención.
6. Captar los detalles de las cosas: acontecimientos, explicaciones.
7. Tener capacidad de inventiva y experimentación.
8. Tener capacidad de imitar y reproducir.

Para facilitar la tarea del maestro, presentamos una *Tabla de Registro de Hábitos*, de doble entrada, para poder plasmar los que creemos son más importantes y debemos reforzar o integrar.

TABLA REGISTRO DE HÁBITOS

Alumnos Nombre	Personales		Colectivos					
	Limpieza	Autonomía	Normas	Convivencia	Trabajo	Sociales	Morales	Intelectuales
A1	3							
A2								
A3								
A4								
A5								
A6								
...								
A25								

Anotar solamente los hábitos no asimilados con su número correspondiente. Por ejemplo: si todavía no se lava las manos, anotaremos en el hábito personal de limpieza el nº 3.

Juegos para mejorar los hábitos

Después de estas reflexiones y tras una evaluación que demuestre que algunos componentes de los hábitos no se han asimilado, se impone la postevaluación, es decir hallar unas estrategias para incidir en los aspectos de una manera económica, atractiva y eficaz.

Sobre el recurso de los cuentos y de los juegos tenemos experiencia de sus resultados positivos, pero han de adaptarse a cada circunstancia, por ello daremos pistas para utilizar cualquier cuento que sea conocido por los niños a favor del componente que queremos trabajar.

Podemos utilizar, por ejemplo, el cuento de «Blancanieves y los siete enanitos». Cada personaje puede cobrar vida y plasmar las actitudes que queremos reforzar o corregir, según conduzcan a tener más o menos éxito (no hablemos de fracasos). Así, las aventuras del enano dicharachero o del enano dormilón, del revoltoso, del trabajador o del cascarrabias ofrecen a nuestra imaginación un sinfín de actitudes a aplaudir o a desechar, que los niños captan de una manera subliminal.

Asimismo, «Pinocho» o «Bambi» (ya sean títeres o dibujos, que se instalen en el aula) pueden cautivar la atención infantil y a través de sus hazañas, sus aciertos o errores, les llevan a no engreírse o a no desanimarse en la adquisición de los hábitos de limpieza, aprendizaje, etc.

Después del cuento, es muy positivo encontrar un juego que refuerce el aspecto a estimular o a corregir, porque el juego favorece el cumplimiento de normas (las del propio juego) que conviene que sean consensuadas y propuestas por los propios niños.

Es importante aceptar una autoridad elegida libremente y cambiable: «Ahora mandas tú, después ella...».

Tras gastar energías de una manera controladamente divertida, obtendrán una buena relajación.

Es importante también la colaboración y la participación. Necesitamos a los demás para pasarlo bien, para saber perder y saber ganar. Igual podemos decir de la superación personal en pequeños logros y en diversas situaciones.

Los juegos son tan variados que sería muy prolijo recoger los que pueden ayudar en la *postevaluación;* citaremos sólo algunos: juegos de relevos y juegos de control respiratorio.

1. Juegos de relevos, son muy convenientes para huir del tópico de carreras de velocidad en grupo; contribuyen a desarrollar el espíritu de equipo y a compartir, puesto que el éxito final es la suma de logros y aportaciones individuales. El respeto a las reglas y el máximo esfuerzo de todos es clave para el éxito final.

➤ EL ZORRO ANDARÍN

En grupos de 5 ó 6 jugadores sentados en círculo en sillas o en el suelo. Cada grupo tiene un sombrero o gorro. El que inicia el juego en cada grupo lleva puesto el sombrero; a una señal, todos los que llevan puesto el sombrero se lo quitan y sin levantarse lo colocan en la cabeza de su compañero de la derecha; éste hará lo mismo, de manera que el gorro irá de cabeza en cabeza hasta llegar al compañero de la izquierda que, una vez puesto el sombrero, se levantara en señal de haber ganado.

El juego se repite tantas veces como jugadores tenga el grupito cambiando cada vez el que inicia el juego o partida y por lo tanto el que se levanta; así todos serán protagonistas.

➤ LOS ARQUITECTOS

Hacemos grupos de 5 a 8 jugadores dependiendo de la edad; cuanto más pequeños sean menos componentes habrá y, al revés, a mayor edad, mayor numero de jugadores. Colocados en fila india frente a una línea de salida, cada jugador tiene una pieza de un juego de construcción. Se marca la línea de llegada y en ella tantos círculos como grupos de jugadores haya. A una señal salen los primeros de cada grupo, colocan una pieza en el círculo y se sientan detrás de la meta. El segundo de cada grupo cuando ve a su compañero sentado sale a colocar su pieza encima de la primera y se sienta junto al primero para que pueda salir el tercero y así sucesivamente. Si un jugador al colocar una pieza se le cae el castillo debe recomponerlo, aunque le pueden ayudar los que están sentados. Una vez recompuesta la torre se sientan de nuevo y continúan saliendo los restantes. Gana el equipo más rápido y el que hace la construcción más alta. Hay dos grupos ganadores e incluso más. Por ejemplo: uno por original, otro por eficaz...

Cualquier actividad o ejercicio para mejorar o potenciar la obtención del hábito debe ser atractivo como un juego, en lugar de una repetición cansina para los niños. Basta con poner cariño e imaginación.

2. *Juegos de control respiratorio,* favorecen el dominio del lenguaje, mejoran la respiración y ayudan al autocontrol.

➤ LOS GIGANTES DORMILONES

Se hacen dos grupos. Unos son gigantes que se estiran en el suelo, en círculo, con los pies en el centro y permitiendo que a su lado haya un enanito que vele su sueño. El otro grupo lo forman los enanitos. Los gigantes están dormidos respirando profundamente. Los enanitos colocan un libro en la tripa del gigante y sostendrán un papel de seda o media cuartilla delante de la boca del gigante comprobando que su respiración levanta el libro y mueve la tira de papel. Cada enanito animará a su gigante a respirar más profundamente. Después de un determinado número de respiraciones se intercambian los papeles.

➤ LA TEMPESTAD

Todos los jugadores sentados en círculo soplan fuertemente para derribar el velero pirata que imaginamos que está en el centro del círculo. A una palmada del educador dejan de soplar y gritan: ¡Crac! ¡Plaf! ¡Glu, gluc! ¡Barco pirata hundido! Pueden hundir tantos barcos piratas como quieran.

Cuentos para mejorar los hábitos

En este apartado ofrecemos un repertorio de cuentos que facilitan a los niños la creación, afianzamiento o mejora de hábitos. A continuación enumeramos veintidós orientaciones que favorecen la adquisición y refuerzo de estos hábitos, y ayudan a seleccionar el cuento que mejor desarrolla las pautas que queremos trabajar.

1. Ayudarles a aceptar y reconocer sus propios errores.
2. Evitar ser siempre el centro de atención.
3. No echar la culpa de sus fracasos a los demás.
4. Enseñarles a llegar puntuales.
5. Cuidar el aspecto exterior en el vestir, hablar y comportarse.
6. Aprender a no quejarse por todo.
7. Disfrutar haciendo que los demás lo pasen bien y saber renunciar a algo en su beneficio.
8. Enseñarles a valorar lo positivo de los demás y encontrar siempre motivos para hablar bien.
9. Transmitirles el sentido de la gratitud.
10. Tratar a todos por igual.
11. Aprender a valorar las cosas y a conservar el material.
12. Inculcarles el sentido del esfuerzo.
13. Fomentar una visión positiva de ellos mismos.
14. Facilitar las mismas oportunidades a todos para que puedan desarrollarse de forma adecuada.
15. Darles independencia para que resuelvan sus problemas y que vayan adquiriendo confianza en ellos mismos.
16. No ocultarles nuestros problemas y amoldarlos a su edad para que puedan comprenderlos.
17. Aportar soluciones. No basta con decir: «Esto no se hace así», es necesario ofrecer un camino alternativo.
18. Enseñarles a respetar los sentimientos de los demás.
19. Fomentar la empatía y la conducta pro-social.
20. Hablarles con tranquilidad, serenidad y calma.
21. Fomentar la responsabilidad. Distribuir las tareas de manera que todos tengan algo que hacer para que el buen funcionamiento del grupo dependa de todos.
22. Facilitar las oportunidades necesarias para que cada uno demuestre sus cualidades.

En los siguientes cuentos se indica con un número al lado del título las orientaciones señaladas en la página anterior.

«EL GIGANTE EGOÍSTA» (1-3-11)

Oscar Wilde (Adaptación)

Un gigante tiene un jardín y un huerto que hacen las delicias de los niños del lugar. Ellos se divierten jugando y saboreando los frutos cuando el gigante está ausente. Un día los niños creen que el gigante se ha ido como de costumbre y entran en el jardín para jugar. El gigante sale furioso, los echa a la calle y levanta un muro aislando su jardín. Pasa el invierno, llega la primavera y el jardín está solitario y triste, las plantas no florecen y los árboles no dan frutos. El gigante se da cuenta de que, gracias a los juegos y a las risas de los niños, tenía un jardín florido y un huerto maravilloso, por lo que sale a buscar a los niños y les pide que vuelvan.

Actitudes:
- El gigante reconoce su error y rectifica.
- Los niños saben perdonar.
- Cuando jugamos sin pelearnos, sin estropear las cosas, ni las ramas de los árboles, las cosas están bonitas y las plantas y árboles dan sus frutos.

«LA GALLINA DE LOS HUEVOS DE ORO» (11)

(Popular)

Una granjera descubre que tiene una gallina que pone un solo huevo al día, pero que es de oro. Cada día recoge el huevo de oro y se lo vende a un joyero que se lo paga muy bien, con lo que puede comprar muchas cosas. Como tenía prisa en hacerse muy rica, un día mató a la gallina de los huevos de oro, para conseguir todos los huevos que tenía dentro y hacerse riquísima. Pero, dentro, la gallina sólo tenía un huevo, el de cada día.

Actitudes:

- Valorar las cosas que tenemos, no estropearlas.
- Conservar el material (juguetes).
- Estar contentos con nuestros juguetes.

«LA RATA DE BIBLIOTECA» (2-7-22)

Gianni Rodari (Cuentos)

Una rata de biblioteca invita a sus primos que viven en un desván del que nunca habían salido. La rata se pone arrogante delante de sus primos contándoles que ha viajado mucho, conoce muchos países, se ha comido gatos, un pequeño lobo y hasta un rinoceronte...

Los primos le preguntan atónitos qué sabor tenían y ella respondió: a papel y tinta. La rata les preguntó si alguna vez habían comido un elefante, una princesa o un árbol de Navidad. En este momento aparece el gato de la casa; los ratones se escapan y la rata queda atrapada entre las patas del gato que, divertido, juega con ella y se burla diciéndole:

— ¿De manera que tú eres la rata que se come a los gatos?
— Yo... señor gato, sólo me como alguno de los que hay en los libros.

El gato se echó a reír, circunstancia que aprovechó la rata para huir.

Actitudes:

- Afán de ser el centro de atención, ser el mejor, ser el primero como sea.
- Despreciar a los demás por creerse superior.
- La sencillez de los ratones del desván.

«PATATITA» (10-14)

Pilar Molina Llorente (Adaptación)

Patatita es un gitanillo saltimbanqui de feria que tiene un amigo entrañable, su perro Caldero. Patatita da un paseo y pierde a Caldero. Está inconsolable, por la noche no puede dormir. Sale del carro sigilosamente y recorre todos los sitios donde Caldero podría haberse extraviado. El cansancio le rinde. Al día siguiente encuentra a un pastor que le indica el paradero de Caldero. Patatita es feliz por tener de nuevo a Caldero.

Actitudes:

- Somos diferentes (los gitanos) pero iguales. Respetémonos.
- Cuidado de los animales de compañía.
- Responsabilidad y esfuerzo de Patatita
- La honradez del pastor y de Patatita.

«EL MONO IMITAMONOS» (4-5)

Consuelo Aruiejo (Adaptación)

Un monito juguetón se perdió y llegó a una ciudad donde se lo pasó muy bien imitando a los humanos. Unos se asustaban y salían corriendo, algunos le reían la gracia y otros se portaban bien con él y le daban de merendar como Marta, Lorenzo y su mamá. El monito se fue con ellos a su casa. Aunque le gustaba la cena y jugar no aceptó bañarse antes de acostarse, así que se escapó. Mientras, la mamá del monito lo buscaba preocupada. Al final, lograron encontrarse y regresar a su árbol. En primavera el monito elaboró un ramo precioso con las flores del campo y se lo llevó a la madre de sus amigos Marta y Lorenzo.

Actitudes:

- Respetar las reacciones de los demás.
- Saber hacer amigos.
- Respetar los animales.
- Aprender a asearse.
- Ser agradecido.
- Saber diferenciar: escaparse, perderse por no ser puntual.

«EL COLLAR AZUL» (6-9)

Hermanos Grimm (Adaptación)

La princesa Florinda no era feliz y aunque tenía todo lo que quería siempre se quejaba. Era tan caprichosa que despreciaba todos los regalos que le ofrecían. ¡Siempre lo mismo! —decía— no tienen imaginación.

Un día, el Rey y Florinda salieron a pasear y encontraron a una pastorcilla que llevaba un collar azul. A Florinda se le antojó. El Rey lo quería comprar pero la pastorcita no quiso venderlo porque era un regalo del hada del bosque.

Florinda ordenó a su halcón que de noche cogiera el collar a la pastorcita. El halcón lo hizo por miedo a las represalias de la princesa. Las ovejas contaron a la pastorcita que había sido Florinda.

Al día siguiente, Florinda quiso ir a pasear en barca por el lago. Sin advertirlo se le rompió el collar y las piedras fueron engullidas por los peces porque el barquero por más que buceó no las encontró.

Florinda se encerró en su habitación llorando y no quería salir si no tenía el collar.

Cuando la pastora se enteró, pidió otro collar al hada del bosque. Ésta se lo dio pero advirtiéndola de que si lo regalaba, el lobo se comería a todas sus ovejas.

La pastora fue al palacio, entregó el collar a la princesa que se puso contentísima, pero cuando supo Florinda que la pastorcita se quedaría sin ovejas, la princesa no lo aceptó. Fueron las dos muy amigas y felices.

Actitudes:

- Hacemos daño a los demás con nuestros caprichos y quejas.
- Pedir mucho y tener mucho no quiere decir que seamos más felices.
- Agradecer el gesto generoso.
- Ser desprendidos.

«EL NADADOR» (8-12-17-18-19)

Leo Lioni (Adaptación)

Había una vez un banco de peces que vivía muy feliz en el mar. Todos eran rojos menos uno que era negro, como la concha de un mejillón. Nadaba tan rápido que todos le llamaban Nadador.

Un mal día un atún se tragó a todos los peces menos a Nadador que pudo escapar. Asustado, solo y triste, estuvo nadando y nadando. Vio criaturas maravillosas, medusas gelatinosas, langostas tranquilas, algas saliendo de unas rocas estrafalarias...

Un buen día siguiendo la cola larguísima de una anguila, encontró un banco de peces como él, pero rojos como sus parientes y amigos. Nadador les propuso nadar y descubrir cosas maravillosas. Algunos tenían miedo de alejarse y otros querían pero no sabían cómo hacerlo.

—¡Ya lo tengo!, dijo Nadador. Nadaremos siempre muy juntos y así pareceremos el pez más grande del mar y nadie nos podrá comer.

Estuvieron muchos días aprendiendo a nadar juntos. Cuando ya les salió bien Nadador dijo:

—Muy bien yo seré el ojo del pez grande. Y nadaron mar adentro juntos y los peces grandes huían de ellos.

Actitudes:

- Ser positivos y optimistas.
- Saber buscar soluciones.
- Respetar los sentimientos ajenos.
- Esforzarse por conseguir algo.
- Trabajar en grupo.

«LOS ENANOS DE MANTUA» (6-9-13-15-16-20)

Gianni Rodari (Adaptación)

En unas pequeñísimas habitaciones del palacio de Mantua vivían los enanos de la corte. Despreciados, tristes, llenos de rabia, no hacían más que lamentar la mala suerte de haber nacido enanos.

Probaban muchas cosas para crecer, desde comer mucho queso, a regarse las plantas de los pies cada día. Pero Habichuelo, el enano más enano, halló la solución: huir de palacio y de las habitaciones pequeñas.

Huyeron y tras muchas peripecias resolvieron el problema: continúan siendo igual de enanos pero se sienten grandes e importantes como los gigantes.

Actitudes:

- Mejorar la autoestima.
- Todos somos importantes.
- Siempre hay una solución a los problemas si ponemos esfuerzo.
- Las personas siempre tienen un valor.
- Aceptarnos como somos.
- Todos somos siempre útiles a la sociedad.

«NIDO DE ERIZOS» (21)

Irmela Wendt (Adaptación)

El jardinero Nico cortó un viejo árbol muerto. Al quitar el tronco apareció un nido de erizos que hacía las delicias de Marta, que los cuidaba y los alimentaba aunque le resultaba muy difícil porque eran tan pequeños que rechazaban la leche y el alimento. Observándolos descubre que cazan animalitos, juegan y se alimentan de noche. Alex acompañó a Marta y juntos iban a ver cada noche a los erizos, descubriendo su enorme vitalidad.

Actitudes:
- Respeto a los animales.
- Responsabilidad en cuidarlos.
- Saber colaborar con los compañeros.
- Compartir los trabajos.

Otros cuentos y narraciones

Existen otros muchos cuentos y narraciones más largas, en las que un protagonista tiene las más variadas actitudes a través de sus aventuras. Por ejemplo:

➢ *Historia de un viejo tren* de Aurora Medina. En «Un secreto para el viejo tren» los animalitos son positivos, pacientes y generosos con el viejo tren que se lo agradece.

➢ *La bruja Mon* de Pilar Mateos. Mon es una bruja traviesa pero todas las fechorías que prepara se vuelven contra ella. Mon es arisca pero también servicial.

➢ *Las aventuras de Pinocho* de Carlo Collodi. En este cuento podemos destacar: la capacidad de transformarse, de cambiar, el poder de la obediencia, la bondad y paciencia de Geppetto, la constancia de Pepito Grillo, etc.

Asimismo es fácil y muy práctico imaginar diversas aventuras o situaciones de los protagonistas de cuentos conocidos, lo que nos facilita reflejar los valores y las actitudes que queramos transmitir en un momento puntual y determinado. Se trata de ofrecer un abanico ilimitado de posibilidades desde la óptica de los personajes que les son familiares a los chiquitines.

Todos ellos nos prestan su voz y sus acciones para motivar e interiorizar pautas, actitudes y valores de una forma lúdica y emotiva.

- *Caperucita,* se relaciona con otros animales.
- *El gato con botas,* va a la escuela.

- *La Cenicienta*, organiza una fiesta.
- *El patito feo,* se hace periodista.
- *Peter Pan, Las aventuras de Babar, Bambi, Los Teleñecos, Las Trillizas...*

3. Evaluación y Postevaluación de las Actitudes

La educación es hoy una disciplina que ha de tener un objetivo muy claro: formar seres libres, capaces de fomentar la creatividad y la adaptabilidad a las nuevas técnicas y cultura.

Se llega a ser libre ejerciendo la libertad. Se es libre en la medida en que se crece en un ambiente de respeto, de autoridad, no autoritarismo, y de asertividad. Por ello velaremos para que el ambiente que se respire en el aula sea propicio al desarrollo de todos los valores democráticos que favorezcan el crecer en libertad.

A lo largo de este capítulo proponemos una evaluación y postevaluación tanto de las actitudes del maestro como del alumno, con el fin de subsanar posibles desvíos y mantenernos siempre en consonancia con una atmósfera de libertad, orden y disciplina a la vez. Para ello, ofreceremos múltiples recursos que ayuden al profesor a conocer y mejorar su actividad docente y le den la oportunidad de modificar y reforzar los elementos necesarios para fomentar el aprendizaje del alumnado.

En primer lugar evaluaremos el clima del aula mediante la autoevaluación del profesor. A través del Modelo 1 se tomará mayor conciencia de la metodología utilizada en clase, de la organización de la enseñanza, de las dinámicas que se establecen en el aula y de los resultados y respuestas ante el aprendizaje. Con el Modelo 2 se creará la posibilidad de conocer los sentimientos y actitudes que el maestro desarrolla en el contexto educativo.

A continuación, expondremos una serie de recursos psicopedagógicos que permiten alcanzar una mayor comprensión del carácter y de las actitudes del alumno, además de observar al niño en diversas situaciones (trabajo, juego dirigido, juego libre, etc.) y atender a las relaciones que se establecen dentro de la clase entre el alumno y el profesor.

Una vez detectadas las características del niño, proponemos un Registro de Problemas de Conducta para representar de forma gráfica la dificultad a tratar en cada alumno.

Por último, intentaremos buscar soluciones para resolver los problemas detectados a través de juegos y cuentos que nos ayuden a mejorar las actitudes de los niños.

EVALUACIÓN Y AUTOEVALUACIÓN DEL CLIMA DEL AULA

Proponemos dos modelos de evaluación (Modelo 1 y Modelo 2), para que el profesor o profesora pueda evaluar sus actitudes ante el grupo-clase.

- Modelo 1: El profesor evalúa: su metodología, la organización del aula, la dinámica del aula y los resultados del aprendizaje.
- Modelo 2: Es complementario del anterior, y pone de manifiesto además los sentimientos y actitudes del maestro en su trabajo de aula.

Ambos incluyen sus correspondientes tablas de valoración y el análisis de los resultados de las mismas. De ellas, el maestro obtendrá datos para revisar sus actitudes ante el grupo.

EVALUACIÓN Y POSTEVALUACIÓN DE LAS ACTITUDES

MODELO 1
Evaluación de la metodología, organización y dinámica del aula, y resultados del aprendizaje

Áreas de evaluac.	Cuestiones	Mucho	Bastante	Poco	Nada
M E T O D O L O G Í A	Tengo predisposición positiva para recibir a todo tipo de alumnos.				
	Intento inculcar aprendizajes útiles a los alumnos: significativos y funcionales.				
	Antes de iniciar un tema intento averiguar los conocimientos que tienen del mismo.				
	Procuro motivar a todos los alumnos del aula.				
	Explico de forma comprensiva para todos los niveles del aula.				
	Valoro positivamente todo el trabajo realizado.				
	Resuelvo los conflictos mediante el diálogo en el ámbito individual y de grupo.				
	Fomento la cooperación y ayuda mutua entre alumnos diversos.				
	Comparto todo tipo de contenidos mediante el diálogo abierto con los alumnos.				
	Fomento la cohesión y la estabilidad del grupo.				
	Procuro entender todos los problemas que son planteados en el aula.				
	Fomento en todo momento la confianza personal y la autoestima de cada uno de ellos.				

(sigue)-

MODELO 1 *(Continuación)*

Áreas de evaluac.	Cuestiones	Mucho	Bastante	Poco	Nada
O R G A N I Z A C I Ó N	Observo los diferentes ritmos de aprendizaje de los alumnos.				
	Distribuyo a los alumnos en diferentes niveles heterogéneos a fin de que interactúen entre ellos, siendo cambiados periódicamente.				
	Atiendo con la misma intensidad a los alumnos aventajados, a los de ritmo normal y a los de aprendizaje lento.				
	Organizo asambleas participativas y abiertas analizando conjuntamente los resultados finales.				
	Procuro mediante la reflexión y el diálogo dar solución a los conflictos que surjan.				
	Estoy pendiente de los alumnos que más me necesiten (inhibidos, dispersos...).				
DINÁMICA DEL AULA	Pacto con los alumnos, consensúo los temas a tratar y las normas a seguir para su buen funcionamiento.				
	Resuelvo los conflictos en el momento preciso.				
	Intento establecer un trato cordial y amable entre los miembros de la comunidad educativa.				
	Favorezco las rutinas a fin de automatizar los hábitos necesarios para la convivencia.				

MODELO 1 *(Continuación)*

Áreas de evaluación		Cuestiones	Mucho	Bastante	Poco	Nada
D I N Á M I C A	**D E L** **A U L A**	Resalto las habilidades de los alumnos menos dotados en grupo y evito que queden infravalorados ante los compañeros.				
		Fomento las habilidades necesarias para aprender significativamente.				
		Implico a la familia en el proceso de aprendizaje de sus hijos.				
R E S U L T A D O S	**D E L** **A P R E N D I Z A J E**	Explico a la familia de forma periódica el resultado de los aprendizajes de sus hijos.				
		Potencio la buena conducta elogiando los aspectos más positivos con comentarios marginales en los trabajos realizados.				
		Enseño a respetar, escuchar y valorar a los compañeros.				
		Estoy atento al nivel evolutivo de los alumnos (que no siempre coincide con la edad cronológica).				
		Respeto la creatividad y la iniciativa de los alumnos.				
		Fomento la solidaridad entre ellos mismos traspasando las paredes del aula.				

Valoración y resultados

Averiguar el resultado, por separado, de cada uno de los cuatro apartados del cuestionario anterior y sombrear cada respuesta.

Metodología	Mucho	Poco
	Bastante	Nada
Organización	Mucho	Poco
	Bastante	Nada
Dinámica del aula	Mucho	Poco
	Bastante	Nada
Resultados del aprendizaje	Mucho	Poco
	Bastante	Nada

— Predominio de *mucho,* valoración incorrecta.
— Predominio de *bastante,* debes felicitarte.
— Predominio de *poco,* debes poner atención y mejorar.
— Predominio de *nada,* valoración incorrecta.
— Predominio de *mucho* sobre *bastante,* valoración **excelente**.
— Predominio de *bastante* sobre *mucho:* **bien**.
— Predominio de *bastante* sobre *poco* o *nada:* **regular**.
— Predominio de *poco* sobre *bastante* o *nada:* **insuficiente**.

Tanto el **regular** como el **insuficiente** exigen una revisión de las actitudes del profesor o profesora en el grupo.

MODELO 2
Evaluación de los sentimientos y actitudes del educador

1. En mi aula me siento	a) b) c)	Muy a gusto Indiferente Incomoda/o
2. En el arreglo y decoración dedico	a) b) c)	Todo mi tiempo libre Parte de mi tiempo libre El mínimo, puesto que el tiempo libre es mío
3. ¿Cómo me enfrento a los problemas normales del aula?	a) b) c)	Los minimizo Los exagero Los olvido o no los veo
4. En el conjunto escolar me siento	a) b) c)	comprendido/a agredido/a olvidado/a
5. Personalmente deseo trabajar	a) b) c)	Con los otros compañeros/as Gracias a los otros compañeros/as A pesar de los otros compañeros/as
6. Mi postura en el claustro es	a) b) c)	Todos/as tenemos algo de razón Yo tengo razón pero a veces la cedo Yo siempre tengo razón
7. Mis alumnos/as son	a) b) c)	Variopintos/as Maravillosos/as Insoportables
8. Me gusta tener el aula decorada	a) b) c)	Al ritmo del aprendizaje Por trimestres Igual desde el principio de curso
9. Para mí, escuchar a los alumnos es	a) b) c)	Un placer Una pérdida de tiempo Una pesadilla
10. El trabajo de todos los alumnos	a) b) c)	Lo valoro con tranquilidad Lo valoro con prisas Lo valoro sobre unos cuantos
11. Me gusta que los alumnos	a) b) c)	Se muevan dentro de un orden Se muevan siempre que lo deseen Se muevan siempre pidiendo permiso

MODELO 2 *(Continuación)*

12. Razonar con los alumnos es	a) Un objetivo que hay que lograr b) Muy difícil con algunos c) Imposible con la mayoría
13. Cada día sueño con	a) Alcanzar los objetivos b) Acabar el trimestre c) Tener vacaciones
14. Creo que el desorden del aula es una situación	a) Que hay que resolver b) Inevitable c) Intolerable
15. Pienso que la educación de los alumnos es	a) Parte de mi responsabilidad b) Toda mi responsabilidad c) No es mi responsabilidad
16. Las preguntas insistentes e inoportunas de los alumnos creo que debo contestarlas	a) Siempre y todas oportunamente b) Algunas y todas oportunamente c) Muy pocas veces

Valoración y resultados

	1	2	3	4	5	6	7	8	9	10	11	12	13	14	15	16	TOTAL
a																	
b																	
c																	

— Si hay mayoría *a,* logras un clima excelente en el aula.

— Si hay mayoría *b,* el clima del aula está bien, pero debes mejorar algunos aspectos, especialmente del grupo *c.*

— Si domina la *c,* o están muy igualadas la *b* y la *c,* debes reflexionar y evitar llegar al estrés que produce un clima enrarecido en el aula.

RECURSOS PSICOPEDAGÓGICOS

Antes de conocer al alumnado es importante tener en cuenta las características del adulto como agente educador, ya sea docente o progenitor, porque su personalidad impregnará y condicionará en mayor o menor grado toda función educativa. Asimismo, el propio conocimiento nos permitirá intuir algunos rasgos incipientes en los niños, potenciando los positivos y neutralizando los negativos.

Una breve referencia a los tipos caracterológicos de la Escuela de Le Senne nos permitirá conocer nuestras reacciones caracteriales y valorar las implicaciones conductuales que inciden en nuestros alumnos y alumnas para poder evaluar y favorecer su formación, evitando los peligros caracterológicos y aplicando las normas psicopedagógicas.

Tipos caracterológicos

Personalidad = *temperamento* (constitucional, hereditario, bioquímico) + *carácter* (actitud ante el medio).

Rasgos:

- *Emotividad* (**E**): Capacidad de reaccionar viva y rápidamente ante estímulos externos e internos.
- *Actividad* (**A**): Facilidad para alcanzar un fin utilizando todos los medios.
- *Resonancia primaria* (**P**): Impulsivo, vive el presente y nada le deja huella.
- *Resonancia secundaria* (**S**): Impresionable ante los acontecimientos, hechos y vivencias.

Por ejemplo, el colérico presenta los rasgos **EAP**, es decir, Emotividad, Actividad y Primario. Y el apático es **nEnAS**, o sea, no Emotivo, no Activo y Secundario (n = no).

En el cuadro que presentamos, exponemos los distintos tipos caracterológicos y sus implicaciones educativas, a la vez que sugerimos algunas normas psicopedagógicas que pueden ayudar al profesorado en su tarea educativa.

TIPOS CARACTEROLÓGICOS

Rasgos	Tipología	Valor dominante	Características	Peligros caracterológicos
EAP	COLÉRICOS	Acción Generosidad	Generosidad Cordialidad Optimismo Vitalidad	Apasionamiento Violencia Anarquía Incoherencia
EAS	APASIONADOS	Poder Abnegación	Impetuosidad Entusiasmo Energía Autoridad y firmeza Melancolía Vulnerabilidad Duda Egocentrismo Inhibición	Impetuosidad Violencia Precipitación Autoritarismo Obstinación Melancolía Ansiedad Angustia Timidez Introversión Indignación
EnAP	NERVIOSOS	Sentimiento Arte	Humor variable Inconstancia Mentira	Agitación Exageración Inquietud Rebelión
EnAS	SENTIMENTALES	Introversión Intimidad	Introversión Ambición Timidez Vulnerabilidad Escrupulosidad Individualismo Dificultad de relación	Ansiedad Angustia Indagación Rebelión Depresión Timidez Desánimo Complejo de inferioridad y culpabilidad
nEAP	SANGUÍNEOS	Extraversión	Extraversión Espíritu práctico Oportunismo Tolerancia	Frialdad Objetividad Egoísmo Indiferencia Narcisismo Cinismo
nEAS	FLEMÁTICOS	Pensamiento Orden Ley	Puntualidad Impasibilidad Tenacidad Paciencia Sistematización Meticulosidad Puritanismo	Lentitud Obstinación Endurecimiento Avaricia Reiteración
nEnAP	AMORFOS	Docilidad	Disponibilidad Conciliación Buen carácter Impuntuales Frialdad Obstinación	Pereza Abulia Indiferencia Insensibilidad Dureza Escepticismo Egoísmo
nEnAS	APÁTICOS	Disciplina Fidelidad Tranquilidad	Introversión Solidaridad Egoísmo Pesimismo	Indiferencia Insensibilidad Obstinación Automatismo Depresión

EVALUACIÓN Y POSTEVALUACIÓN DE LAS ACTITUDES

IMPLICACIONES EDUCATIVAS

Normas psicopedagógicas	
Procedimiento intelectual	**Procedimiento pedagógico**
Vigilar su yo. Aprovechar las experiencias pasadas. Reflexionar sobre su actividad.	Ambiente abierto y comprensivo. Educar la emotividad y el autodominio. Ser coherentes. Terminar cuidadosamente los trabajos.
Enseñarles a distinguir entre lo posible (razonable) y lo imposible (imaginación exaltada por la emotividad). Orientar la energía a la consecución de lo mejor.	Ser coherentes y no reñir sistemáticamente. Educar la emotividad. Habituarse al orden y a la autocrítica. Ganarse la confianza de los demás. Trato amistoso. Evitar la crítica objetiva de sí mismo.
Orientar la emotividad positivamente.	Ser positivos y favorecer el autodominio. Ayudarles a decidir. No recurrir a la violencia o a la coacción. Potenciar el esfuerzo personal activo, no por mera obediencia.
Luchar por la inactividad y el exceso de emotividad. Evitar choques emocionales.	Favorecer un ambiente cordial, comprensivo y optimista. Actitud positiva ante la vida. No utilizar la ironía ni las bromas. Felicitarle por sus éxitos. No burlarse de sus defectos o fracasos.
Aprender a respetar las normas. Intentar que dominen las necesidades intelectuales y científicas sobre las hedonistas y prácticas.	Favorecer el deporte. Valorar más la calidad que la cantidad. Sacarle de su egoísmo a través de la bondad y generosidad.
Pasar del intelectualismo abstracto a la experiencia vivida.	Favorecer la comprensión. Evitar los procedimientos violentos que aumenten la oposición. Evitar automatismos. Cultivar las virtudes altruistas: simpatía, caridad.
Reconocer sus defectos. Elevar el tono vital.	Dirigir y controlar sus actividades cotidianas. Acostumbrarse a un orden y a una disciplina. Dirigir y controlar las actividades diarias. Evitar el aislamiento. Crearle necesidades. Estimular los éxitos. No aceptar excusas, no mimarle.
Salir de sí mismos e ir hacia los demás Elevar el tono vital	Potenciar el trabajo en equipo. Crear un clima de confianza y comprensión. Salir de la rutina. Estimular los éxitos. Valorar el esfuerzo.

© narcea, s.a. de ediciones

El Sociograma como recurso para detectar actitudes

A continuación exponemos diferentes cuestiones que se nos plantean después de observar a los alumnos en diversas situaciones de trabajo, juego dirigido, juego libre... y en diferentes espacios. Un medio muy adecuado, además de la observación, es el *sociograma*.

1. *Sociograma infantil*

Se reparte a los niños una hoja de papel en la cual haya un dibujo con tres escenas: Niños jugando en grupo, niños en pareja y niño aislado. Tendrán que identificarse con el que más les guste y pintarlo, así nos confirmarán si les gusta jugar en gran grupo, pequeño grupo o si se aíslan. A continuación proponemos unos ejemplos.

Dependiendo del dibujo con el que se identifique el niño, podemos agruparle atendiendo a las características que presenta y después de haberle hecho esta pregunta:

¿Dónde estás tú cuando juegas?

A. Se muestra comodón, algo introvertido y le gusta jugar tranquilo. Tiene pocos amigos.

B. Se muestra activo, extravertido y tiene varios amigos para jugar.

C. Se muestra retraído, solitario, no le gustan los juegos activos.

EVALUACIÓN Y POSTEVALUACIÓN DE LAS ACTITUDES

Niños jugando en el patio de recreo (ficha modelo)

A. *Comodón y algo introvertido*

B. *Activo y extravertido*

C. *Se muestra retraído y solitario*

EVALUACIÓN Y POSTEVALUACIÓN DE LAS ACTITUDES

2. *Sociograma cartesiano*

Se entrega a cada alumno tres hojas sucesivamente según se muestra a continuación. Cada una con la pregunta correspondiente:
- *¿Con quién irías a jugar a...?*
- *¿A quién invitarías a...?*
- *¿A quién le darías...?*

A. ¿CON QUIÉN IRÍAS A JUGAR A...?

	María	Juan	Jorge	José	Marta	Judith	...	...	...

Después de aclararles que tienen que poner cruces en el cuadro correspondiente al nombre del niño que quieren elegir, se recogen las hojas y se ve qué alumno es el más elegido y cuál el menos para jugar, invitar o regalar un obsequio y con quién les gusta trabajar, ir de excursión, etc.

Se puede esquematizar como en los sociogramas normales. Aquí no hemos considerado la forma negativa por ser alumnos de educa-

B. ¿A QUIÉN INVITARÍAS A...?

	María	Juan	Jorge	José	Marta	Judith	...	...	...
fiesta									
mesa									
excursión									
Rincón aula									

EVALUACIÓN Y POSTEVALUACIÓN DE LAS ACTITUDES

C. ¿A QUIÉN LE DARÍAS...?

	María	Juan	Jorge	José	Marta	Judith	A	B	...
flor									
caramelo									
juguete									
cuento									
cromo									

ción infantil, y porque creemos que hay que reforzar los aspectos positivos.

Los alumnos más pequeños, que aún no saben leer y no conocen los nombres de los compañeros, deberán ser ayudados por la maestra o bien realizar el sociograma con las fotos de los alumnos.

Todo ello le servirá al maestro para hacerse una idea del funcionamiento del grupo clase y ayudar a integrar a los alumnos más aislados, saber con quién pueden ir de excursión o sentarse al lado para trabajar para que estén más a gusto. Muchas veces, con la observación en el aula es suficiente pero esta técnica nos ayuda a confirmarlo.

En el ejemplo siguiente vemos cómo se pueden utilizar los registros: imaginemos que a Judith le gusta jugar a la pelota con Juan y a las muñecas con María. Para jugar con el caballito elegiría a María. Para hacer construcciones a Jorge y José, y para jugar en la arena iría también con María. Para ello es necesario que Judith ponga una cruz o señale los cuadros correspondientes. De ahí deduciríamos que María es su amiga preferida pero que también le gusta jugar con otros niños. Es una alumna sociable.

Nos gustará también observar a quién invitaría a la fiesta de cumpleaños, si a todos los alumnos o a un grupo reducido, con quién trabajaría en clase o en un rincón del aula, así como ver con quién iría de excursión.

El último apartado se realiza igual que los anteriores y nos da la idea de a quién haría un regalo.

Relación de los alumnos y alumnas con sus maestros y maestras

A los niños les gusta dibujar y es junto al juego su medio predilecto de expresión.

Luquet G. H. comenta que el dibujo del niño de 4 años empieza a ser representativo y auténticamente realista siguiendo una evolución paralela con el progreso del lenguaje, del que en definitiva, quizás sólo sea una forma del pensamiento que se expresa a través de la mano.

Sabemos por experiencias varias que el párvulo no dibuja aquello que ve, sino que interpreta y plasma en el dibujo su emotividad positiva o negativa. A través de sus dibujos podemos conocer sus vivencias en relación con las personas y el entorno que dibuja.

Esta prueba nos ha sido siempre muy útil y satisfactoria para conocer cómo se siente el alumno junto a su tutor o tutora. Y ello permite al maestro mejorar o cambiar la relación con el párvulo si fuera necesario.

A continuación se dibujarán los alumnos y el maestro para poder deducir la relación que existe entre ellos.

Pondremos unos cuantos ejemplos y los comentaremos.

Podemos separar los dibujos en cuatro grupos: **A, B, C, D**.

Analizando cada uno, hallamos los siguientes matices según queda indicado en los dibujos:

Todos los dibujos del grupo **A** tienen como característica común la proximidad alumno-profesor; manifiestan en general una buena relación.

Todos los dibujos del grupo **B** se caracterizan por la separación más o menos marcada. Manifiesta una relación precaria, que todavía no se ha iniciado o que conlleva dificultades.

En los dos dibujos del grupo **C** hay una relación de proximidad. Ambos personajes ocupan todo el papel. La relación es buena.

Los dibujos del grupo **D** tienen en común la expresión de una relación social. Comparte la maestra con otros compañeros y compañeras.

A1. Relación alegre. El niño ve a la maestra un poquito superior a él y en un entorno rico en detalles y alegre. El niño ha observado bien a la maestra y le ha dibujado varios detalles, bolso, pendientes...

A2. Relación fantástica. Vuelan. Están por encima de las estrellas, nubes y sol. La maestra es algo superior a la niña.

EVALUACIÓN Y POSTEVALUACIÓN DE LAS ACTITUDES

A3. La relación es parecida a **A1**. El niño presenta más detalles que la maestra, se valora más a sí mismo que a la maestra.

A4. Relación alegre, guarda proporción pero es muy personal, están encerradas las dos y cogidas de la mano.

A5. Parecida a la anterior al estar dentro de un recinto, pero no hay contacto físico.

A6. Relación con dificultades. Las manos de la maestra son muy grandes pero el niño no parece conectar.

EVALUACIÓN Y POSTEVALUACIÓN DE LAS ACTITUDES

B1. El niño tiene más fuerza y es más grande que la maestra. Se interpone un árbol pero ambos están en el mismo nivel.

B2. Eduardo está en su casa y se representa con detalles, alegre y un poco inferior a la maestra a la que sitúa fuera. La relación es buena, pero distante.

B3. Aquí hay una separación muy marcada. Se dibuja a sí mismo y a la maestra con las mismas proporciones. Conecta con ella a veces.

B4. Hay separación pero la maestra es más grande que él. Brazos caídos y el trazo fuerte denota cierta predisposición negativa.

EVALUACIÓN Y POSTEVALUACIÓN DE LAS ACTITUDES

C1. Hay una proporción de igualdad entre el niño y la maestra. Es una relación abierta y con tendencia a crecer.

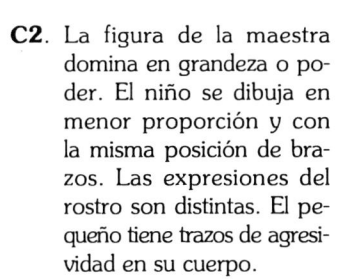

C2. La figura de la maestra domina en grandeza o poder. El niño se dibuja en menor proporción y con la misma posición de brazos. Las expresiones del rostro son distintas. El pequeño tiene trazos de agresividad en su cuerpo.

D1. La maestra se destaca en altura. La relación es buena, abierta, alegre. Acogen a una amiga tímida (está sin brazos).

D2. Es parecido al anterior. El centro lo ocupa la autora con muchos adornos o detalles. La maestra es la más alta. La relación es abierta, aunque la niña domina a sus dos compañeras.

EVALUACIÓN Y POSTEVALUACIÓN DE LAS ACTITUDES

D3

D3. Javier tiene una relación muy próxima con la maestra y con su amiguita. Los otros personajes están sin brazos, pero están en el grupo.

Conclusiones

De 25 alumnos tan sólo dos (**A6** y **B4**) han manifestado un poco de rechazo o timidez y **C2** tiene indicios de agresividad. El resto valora y conecta muy bien con la maestra, ello nos permite afirmar que en el aula hay un clima abierto, acogedor, con un buen ritmo de trabajo basado en una libertad ordenada.

Las conductas disruptivas que se puedan generar esporádicamente quedarán diluidas ante la capacidad acogedora de la maestra y la actitud positiva de los pequeños.

Una vez valorados los sociogramas, la relación maestro-alumno y la observación sistemática en el aula, expresamos de una manera escueta las características más comunes: el conocimiento global de los alumnos desde su estado emocional a las diversas actitudes ante el juego, trabajo, maestro y compañeros; así como poder detectar los problemas de conducta.

Para ello facilitamos un listado de las diferentes tipologías de los niños y, a continuación, las gráficas correspondientes:

- *Extrovertido:* Niño que siempre quiere ser el centro de atención y si no puede molesta a los demás.
- *Solitario:* Niño tímido e inhibido que juega solo.
- *Hipersensible:* Niño quejica que llora por todo.
- *Tozudo:* Niño que quiere ir siempre a lo suyo.
- *Parlanchín:* Niño que constantemente habla y se levanta en clase distorsionando.
- *Caprichoso:* Niño que no acepta pautas y normas.
- *Arisco-irritable:* Niño que es rechazado por los demás.
- *Agresivo:* Niño que pega a los demás sin motivo.
- *Desmotivado:* Niño apático, que no quiere trabajar.

Con todo ello y la observación sistemática en el aula, se detectan diferentes problemas de conducta que podemos representar en la gráfica que sigue, y que hemos llamado *Tabla Registro de Problemas de Conducta.*

TABLA REGISTRO DE PROBLEMAS DE CONDUCTA

		Alumnos							
		1	2	3	4	5	6	7	8
Estado emocional	Caprichoso-irritable								
	Hipersensible								
	Arisco								
	Tozudo								
	Solitario								
	Extrovertido-centro atención								
	Parlanchín								
	Desmotivado								
	Agresivo								
Ante el juego	Ser el ganador								
	Pelearse								
	Insultar								
	Rechazar a los compañeros								
	Dificultades para compartir								
Ante el trabajo	Desmotivado								
	Distraído								
	Perezoso								
	Lento								
	Destroza el material								
	Impulsivo								

TABLA REGISTRO DE PROBLEMAS DE CONDUCTA *(Cont.)*

		Alumnos							
		1	2	3	4	5	6	7	8
Ante el maestro	Desobediente								
	Agobiante								
	Ignorarlo								
	Mentirle								
	Insultarlo								
	Rebeldía-rabietas								
	Contestón								
	Parlanchín								
Ante los compañeros	Incordiar								
	Culpar a los demás								
	Autoritario								
	Peleón								
	Agresivo								
	Excluir en el juego								
	Egoísta								

POSTEVALUACIÓN DE LAS ACTITUDES

Una vez más las actividades lúdicas son un buen recurso para mejorar las actitudes. Intentaremos buscar soluciones a través de juegos y cuentos que nos ayuden a mejorar la socialización, la conducta y la personalidad. Todo ello irá unido a unos valores que son primordiales para

EVALUACIÓN Y POSTEVALUACIÓN DE LAS ACTITUDES

esta edad: compañerismo, autoestima, responsabilidad, compartir, amistad...

¿Por qué jugamos? El juego es un recurso imprescindible en la enseñanza porque:

- Es una actividad natural en el niño que le proporciona placer y satisfacción.
- Favorece el desarrollo de las facultades físicas y psíquicas. A medida que resuelve los problemas implícitos en el juego descubre sus cualidades y sus limitaciones en todos los campos.
- Permite ir adaptandose a la realidad de su entorno. Va interiorizando las normas, pautas y hábitos sociales.
- Es una catarsis, especialmente en el juego simbólico, donde libera tensiones o canaliza la agresividad.
- Es un medio de aprendizaje sea o no intencionado, es decir, programado por el educador.

En muchas ocasiones el adulto no valora suficientemente el juego y lo considera como una actividad más que ocupa un tiempo y un espacio. No hay que apoyarse en el juego únicamente como método didáctico sobrecargándolo de elementos de aprendizaje para evitar juegos estereotipados y aburridos, a la vez que un empobrecimiento de la imaginación de los niños. En los juegos dirigidos, el papel del educador es fundamental para coordinar, organizar, motivar, observar, revisar... De ahí que debe seleccionar muy bien el juego como elemento educacional y debe tener en cuenta valores, objetivos, motivaciones, mecánica, riesgos, etc., para conocer perfectamente cuál es la finalidad del juego y que aptitudes y hábitos queremos desvelar.

Para que el juego sea educativo y eficaz debe ser voluntario o motivado, nunca impuesto. Debemos valorar todas las aptitudes y actitudes del niño (físicas, intelectuales y sociales). Hemos de adaptar el juego a los alumnos, al tiempo, al espacio, a la temperatura... Ningún juego ha de sobrepasar las posibilidades de un solo jugador.

Especialmente en los pequeños, es conveniente siempre evitar los juegos competitivos, la eliminación, la valoración excesiva del ganador y la discriminación por sexo o características personales.

Repertorio de Juegos para corregir, evitar o favorecer actitudes

A continuación ofrecemos una serie de juegos y cuentos, adaptados a las tipologías advertidas en los niños y que pueden permitir al profesor intervenir en sus actitudes.

En primer lugar, presentamos los juegos, que hemos agrupado del siguiente modo:

1. Juegos *para llamar la atención.*
2. Juegos con niños *inhibidos y solitarios.*
3. Juegos con niños *quejicas.*
4. Juegos con niños *tozudos.*
5. Juegos con niños *inquietos.*
6. Juegos con niños *que no aceptan normas.*
7. Juegos con niños *que se sienten rechazados.*
8. Juegos con niños *agresivos.*
9. Juegos con niños *desmotivados.*

1. Juegos para llamar la atención. Juegos en grupo. Juegos de imitación

ROJO Y AZUL

Material: Un pañuelo de papel rojo o azul para cada niño. Puede ser también un cuadrado de cartulina, papel de seda o pinocho de dos colores distintos al rojo y al azul.

Desarrollo del juego: Los alumnos hacen dos filas delante de la maestra. Cada fila tiene un color distinto. Están todos de pie y tienen su pañuelo en la mano. Cuando la maestra cita un color, todos los componentes de la fila que tienen este color se agachan y sólo se levantarán si la maestra cita otro color. Quedan agachados si la maestra repite el mismo color.

Citar los colores cada vez con más rapidez. Cuando alguien se equivoca sale de la fila y ayuda a la maestra a controlar el juego.

El que gana hace de conductor del juego.

LA MONA CHITA

Material: Ninguno. Marcar un circuito en una sala polivalente o en el patio de recreo.

Desarrollo del juego: Se sortea quién será la mona, es decir, el conductor del juego.

Se colocan los niños en fila india detrás de la mona y han de seguirla imitando todos sus movimientos. Una vez acabado el recorrido, la mona elige a otra mona que encabezará la fila y así sucesivamente.

Si son muchos, se pueden hacer dos grupos con recorrido paralelo y por tanto habrá dos monas.

2. Juegos con niños inhibidos y solitarios. Juegos de persecución limitada porque no hay perdedores únicos

SALTAMONTES Y RANAS

Material: Una tiza.

Desarrollo del juego: Se traza un gran círculo dentro del cual los saltamontes van y vienen muy contentos a pata coja. No pueden salir del círculo. Los persigue una rana que tiene que saltar de cuclillas, lo que no le permite ir tan aprisa. El primer saltamontes tocado se convierte en rana y así sucesivamente, hasta que todos sean ranas.

LOS TRONCOS DE CABALLOS

Material: Bramantes (las riendas), tantos como grupos o troncos.

Desarrollo del juego: Los troncos se componen cada uno de tres niños. Dos de ellos van cogidos de la mano y son los caballos. En el brazo derecho de uno de ellos y en el izquierdo del otro se ata un bramante que lleva de la mano el tercer niño que hace de jockey o de amazona.

Se traza una línea de salida y otra de llegada a una distancia más o menos grande entre sí, según la edad de los jugadores. También pueden colocarse obstáculos.

Los jinetes o amazonas animan a su tronco a cabalgar, a trotar, a parar, a descansar. Los caballos y los conductores cambian con frecuencia el papel entre sí.

Se contabilizan las carreras y se felicita a los incansables.

3. Juegos con niños quejicas. Juegos relajantes, tranquilos

EL GATO Y EL RATÓN

Material: Una pelota grande y otra pequeña.

Desarrollo del juego: Todos sentados en círculo. A un niño se le da una pelota grande y será el gato. A otro situado a 10 posiciones a la derecha o a la izquierda del anterior se le da la pelota pequeña y será el ratón.

Al grito de «Ratón que te pilla el gato», la pelota grande (el gato) y la pequeña (el ratón) van pasando de mano en mano, hacia la derecha. Intentarán que la pelota grande alcance a la pequeña, es decir coincidan en la misma mano. Se marca un tiempo o un número determinado de vueltas y se anotan las veces que el gato pilla al ratón o que éste se escapa.

A cada jugada se cambia de dirección y de niños que inician el movimiento de pasar las pelotas.

LA SONRISA

Material: Pegatinas de colores.

Desarrollo del juego: Todos sentados en círculo y serios. La maestra da la sonrisa a un niño. El que tiene la sonrisa, se levanta sonriendo y se coloca delante de otro niño al que le pasa la sonrisa. Para ello hace el gesto de cerrar la boca con la mano, coger la sonrisa y ponerla en la mano del elegido.

A partir de este momento estará serio y regresará a su asiento sin reír. El que ha recibido la sonrisa debe mostrar un rostro divertido, levantarse y pasar la sonrisa.

A los que se rían sin poseer la sonrisa la maestra les colocará una pegatina de color en la mejilla o en la mano.

Hay que evitar que haya un solo perdedor o ganador.

4. *Juegos con niños tozudos. Juegos en grupo o en equipos*

ORILLA-CHARCA

Material: ninguno.

Desarrollo del juego: Trazar un círculo (charca) proporcionado al número de niños.

Se colocan alrededor del círculo, es decir «en la orilla». La maestra da la orden: «¡En la charca!», y los niños saltan con los pies juntos al interior del círculo.

Al dar la orden: «¡En la orilla!», saltan fuera del círculo, pero esta vez hacia atrás ya que siempre han de mirar el centro de la charca.

Se suceden las órdenes «¡En la orilla!» «¡En la charca!». Si una orden es repetida dos veces seguidas los jugadores permanecen quietos. Los que se equivocan se sientan dentro de la charca y ayudan a la maestra a controlar a los que pierdan.

BUSCAPELOTAS

Material: Un cubo o cesta y tantas pelotas como niños jueguen, menos una.

Desarrollo del juego: La maestra pone las pelotas en el cubo o cesta. Saltan y cantan los niños alrededor del cubo. De pronto, vacía el cubo y cada niño ha de coger una pelota. El niño que se queda sin pelota, es el que vaciará el cubo en la siguiente jugada.

5. *Juegos con niños inquietos. Juegos activos y de lenguaje*

LA BARRERA

Material. Ninguno.

Desarrollo del juego: Se hacen dos grupos. Uno de ellos se coloca de pie en círculo cogidos de las manos y en alto. Un niño hace de guarda con un silbato u objeto similar. El resto de jugadores entra y sale del círculo a su aire. Cuando suena el silbato todos los componentes del círculo bajan los brazos y gritan: Stop!

Los que quedan atrapados dentro del círculo se cogen de las manos y empiezan de nuevo el juego, después se pasa el silbato o tambor a otro jugador.

RECOGEPELOTAS

Material: Cinco pelotas diferentes.

Desarrollo del juego: Se forman cinco filas. Todos los niños están sentados menos los cinco primeros de cada fila. La maestra tira las cinco pelotas algo lejos y los cinco que están de pie irán a buscarlas una cada uno, y las traerán de la manera que les diga la maestra. Por ejemplo, saltando con los pies juntos, saltando como las ranas, como una liebre, caminando a gatas, como un pato, un monito, una serpiente...

Cuando llegan se la dan a la maestra y se colocan en su fila respectiva. Los segundos se ponen de pie y así continúa el juego hasta que todos han recogido pelotas.

6. Juegos con niños que no aceptan normas. Juegos en grupo y relevos

GATOS Y RATONES

Material: Tres pañuelos.

Desarrollo del juego: Se eligen dos gatos y dos ratones. Los demás se colocan en círculo cogidos de la mano menos en tres puntos que se unirán con el pañuelo. El gato persigue a los ratones, que tienen que entrar y salir por todos los puentes que forman el círculo y los gatos sólo lo pueden hacer por los puntos que hay el pañuelo.

Cuando un gato atrapa a un ratón, éste pasa al círculo y elige a un compañero para gato.

SALTAMONTES

Material: Ninguno.

Desarrollo del juego: Se hacen cuatro equipos colocados en fila india. A la señal de la maestra salta el primero de cada equipo lo más lejos que pueda. Se quedan quietos y llaman por su nombre al segundo compañero de la fila. Éstos se ponen a su lado y dan un salto tan grande como puedan, se paran y llaman al tercero. Así sucesivamente. Gana el equipo que ha llegado más lejos con los saltos de todos y cada uno de sus componentes.

7. Juegos con niños que se sienten rechazados. Juegos en pequeño grupo que tengan un papel sencillo.

EL GATO DURMIENTE

Material: Ninguno.

Desarrollo del juego: El gato sentado en el suelo, con los brazos cruzados encima de las rodillas, duerme, mientras los demás niños bailan, saltan y dan vueltas a su alrededor, los más atrevidos llegan a tocarlo. Bruscamente el gato despierta y lanzando un ruidoso «miau» se lanza a cazar ratones.

Intenta atrapar la mayor cantidad de ellos antes de que logren llegar a su guarida (un cuadrado marcado previamente). Los ratones atrapados gritan para despertar al gato, que sin embargo se vuelve a dormir.

Los ratones libres vuelven a dar vueltas a su alrededor. Se convierte en gato el ratón que ha podido escaparse hasta el final.

FRENTE A FRENTE

Material: Ninguno.

Desarrollo del juego: Los niños forman un círculo de dos en dos. Se elige un conductor del juego que dará las órdenes que cada pareja ejecuta inmediatamente: de espaldas, manos arriba, agachados...

A la orden de «frente a frente» todos cambian de pareja. El conductor aprovecha para tomar compañero y el niño que se queda solo es el que a su vez da las órdenes.

Al nuevo «frente a frente» se apresurará también a buscar un compañero y así sucesivamente.

8. Juegos con niños agresivos. Juegos muy activos no competitivos o carreras.

CESTA VACÍA

Material: Una cesta o caja. Pelotas de trapo o pañuelos.

Desarrollo del juego: Cuatro o cinco niños serán los lanzadores de pelotas. Los demás estarán dispersos por la sala.

Los conductores lanzan las pelotas en todas las direcciones. Los demás deben recogerlas y devolvérselas rápidamente, ya que la partida finaliza cuando la cesta queda vacía.

LOS MEJORES CORREDORES

Material: Ninguno.

Desarrollo del juego: Trazar una línea de salida y otra de llegada. La longitud depende de la edad y el número de niños.

- Primera carrera: A la pata coja.
- Segunda carrera: Dando saltos con los pies juntos.
- Tercera carrera: Caminar a cuatro patas.

Poner una pegatina a los tres ganadores de cada carrera.

CAZADORES DE MARIPOSAS

Material: Ninguno.

Desarrollo del juego: Se eligen dos cazadores y se delimita el terreno de caza trazando dos líneas paralelas, distanciadas unos tres metros. Dentro de ellas se colocarán los dos cazadores. El resto de los niños deben colocarse a un lado de las dos líneas. Han de cambiar de lado pasando por el centro, por el terreno de caza. Cada vez que un cazador coge a un niño éste se convierte en cazador. El juego termina cuando no hay mariposas, es decir, todos son cazadores.

9. Juegos con niños desmotivados.
Sirven los mismos juegos que para los agresivos, rechazados y tozudos.

Cuentos para trabajar las actitudes

Como hemos visto, los juegos son atractivos y muy importantes para los niños porque responden a sus necesidades lúdicas y psicológicas. En las páginas siguientes expondremos una serie de recursos para trabajar los cuentos.

En el cuento, al igual que en los juegos, los pequeños entrenan su *yo*. Imaginan otras formas de ser, de actuar, para ir encontrándose a sí mismos y afianzar su personalidad. Por eso vive el cuento. El niño elige libremente ser protagonista o espectador, comparsa o ejecutor. Al mismo tiempo experimenta las emociones y reacciones del personaje con el que se identifica y obtiene satisfacción y seguridad.

La fantasía de los cuentos favorece la construcción de los mecanismos lógicos. A veces confundimos fantasía por ilógica. Nada más lejos de la realidad: Hay una lógica en lo fantástico. El cuento posee una coherencia interna que es su propio lenguaje.

El cuento es para el niño la proyección de su *yo*, de sus anhelos de autonomía, de exploración, de poder y de maduración.

La visión animista del mundo que le ofrece el cuento le permite irse conociendo e integrarse en el mundo real. Parte importante de esta integración la constituyen los mecanismos de sublimación, de transformación, de todo lo que es desagradable y molesto en agradable y útil.

El cuento es conductor de valores y, como tal, es un buen método para crear hábitos, para captar la atención o como centro de interés, a través de varias narraciones centradas en las aventuras de unos personajes que acompañan a los pequeños a lo largo de unas semanas.

EVALUACIÓN Y POSTEVALUACIÓN DE LAS ACTITUDES

➢ EL PATO SALVAJE Y EL HALCÓN
(El agresivo se hace daño a sí mismo)

Cada vez que el halcón salía a cazar patos para comer se ponía furioso si no conseguía cazar a la primera. Los patos se sumergían con gran rapidez y el halcón estaba seguro de que dentro del agua se burlaban de él y eso le ponía todavía más furioso. Sus compañeros cazaban con tranquilidad y solían pillar más pronto que él su pato para comer.

Un día, enfurecido, arremetió contra el pato que se le había escapado por segunda vez y sin darse cuenta se sumergió en el agua. El pato más ligero dentro del agua, y con sus patitas como remos, logró escapar de nuevo, pero el halcón furibundo no pudo levantar el vuelo porque sus alas mojadas pesaban demasiado. Tuvo que ir batiendo alas con mucha paciencia hasta que se le secaron y pudo volar de nuevo. Desde aquel día se tranquilizó, cazó sin agredir y consiguió algún que otro pato como sus compañeros.

➢ LA CHARCA DE LAS RANAS
(El agresivo hace daño a otros sin saberlo)

Cerca de la escuela había una charca donde vivían muchas ranas. Croaban y saltaban de nenúfar en nenúfar y muchas tardes hacían las delicias de abuelos, abuelas, nietos y nietas contemplando sus piruetas, cómo se sumergían y salían de nuevo en el lugar más inesperado.

Un día unos niños al salir de la escuela fueron a la charca y como no vieron a nadie tuvieron una idea muy mala. Cogieron piedras y empezaron a hacer puntería con las ranas. Había muchas, las ranas se iban sumergiendo a medida que llovían las pedradas. Cuando no emergió ninguna, aquellos niños se fueron a sus casas.

Más tarde llegaron a la charca los visitantes de siempre y se extrañaron de que no hubiese ranas. Todavía más, cuando pasaron días y días y las ranas no salían, se quedaron muy tristes los abuelos y abuelas con sus nietos y nietas sin poder contemplar a sus ranas.

Las ranas se pueden esconder en el barro y allí permanecer mucho, mucho tiempo. Quizá algún día se asomen de nuevo en la charca.

➢ DOS HERMANOS MARINEROS
(El quejica se pierde muchas cosas buenas)

Jan y Non eran dos hermanos que se embarcaron para ver mundo. Jan siempre estaba contento, la comida le encantaba, el trabajo le divertía y ni el frío, ni el viento, ni el calor, ni los mosquitos le molestaban. Por el contrario, Non, siempre estaba molesto, por la lluvia, por el sol abrasador, por el agua salada o por las moscas impertinentes. Se quejaba de todo, de la comida aburrida, de los ronquidos del vecino de litera, de que nada salía como él quería.

Un día, el mar se puso muy furioso y la tempestad amenazaba de tal manera que se temía el naufragio. Jan y los demás tripulantes estuvieron atentos a las órdenes del capitán y las obedecieron. Non que se estaba quejando más que de costumbre no se enteró y permaneció protestando en la cubierta, así que vino una ola muy, muy grande y arrastró a Non de tal manera que fue dando tumbos hasta que pudo agarrarse a un bote y allí estuvo hasta que la tempestad amainó.

Non tuvo suerte y se prometió que ya no se quejaría constantemente.

➢ LA TORTUGA QUEJICA
(El quejica se daña a sí mismo)

En una familia de tortugas había una que siempre se quejaba de no poder correr como la liebre, no poder saltar como la rana, ni volar como el águila. Se quejaba de tener que buscar su comida, de que su caparazón pesaba, de tantas y tantas cosas que... Un día un águila la cogió con sus garras y se la llevó volando por los aires.

Ella movía contenta sus patas y ladeaba la cabeza para poner celosas a sus hermanas.

¡Qué suerte! decían mientras la vieron volar pero, cuando el águila estaba muy alto, soltó a la tortuga que cayó en picado sobre una roca. Su caparazón quedó dañado pero a partir de aquel momento dejó de protestar y supo valorar más sus características y virtudes.

➢ EL ASNO Y EL GORRIÓN
(Los tozudos no escuchan y se equivocan)

Un asno pequeño y un gorrión se habían hecho muy amigos. El asno era muy tozudo, no escuchaba los consejos de los caballos de la granja que le habían repetido una y otra vez que no dejara nunca el camino cuando saliera solo.

Un día de crudo invierno, todos los caminos estaban cubiertos de nieve. El asno salió a pasear, y estuvo dando vueltas y más vueltas. Estaba tan cansado que se echó al suelo a descansar. Su amigo el gorrión lo vio y se posó junto a su oreja, y le dijo:

—Amiguito, levántate que no estás en el camino, sino encima del lago helado.

—Déjame, estoy muy cansado y de aquí no me muevo.

El gorrión sabía lo tozudo que era su amigo, por lo que voló muy deprisa a buscar a sus compañeros. Volvió con muchos gorriones, justo cuando el calor del cuerpo del asno comenzaba a derretir el hielo, empezaron a hacerle cosquillas; tantas le hicieron que consiguieron que moviera las patas levantándose suavemente, evitando que se hundiera y se congelara para siempre.

➢ EL OSEZNO
(Si no hubiese sido tan tozudo se hubiera ahorrado mucho dolor)

Mamá osa cada mañana enseñaba a sus ositos cómo conseguir comida en el bosque. Una y otra vez les repetía que antes de meter el hocico en cualquier parte debían mirar bien y despacito tantear con la patita, luego sabrían si había o no peligro, puesto que las abejas y las ortigas dolían de lo lindo.

El osezno más chiquitín pensaba que mamá osa exageraba y metía su hocico donde le parecía. Así que en otoño se pinchó el hocico con las castañas caídas al suelo. En invierno estuvo dos días con sus noches sin poder comer por meter su hocico en las aguas heladas del lago. En primavera olisqueó las flores de la ortiga, y aunque le dolió mucho al llegar el verano metió su hocico en el agujero de un árbol en el que se había instalado un avispero. Salieron las avispas enfadadísimas y le dieron muchos aguijonazos. El osezno se revolcaba por el suelo para librarse de las avispas, hasta que llegó mamá osa y se lo llevó rodando hasta el río donde la frescura de sus aguas y su cariño le aliviaron el dolor.

Al cabo de unos días, paseando con su hermano, encontró un agujero muy interesante pero escarmentado dio un par de vueltas observándolo, se acercó despacito, tanteó con la patita, esperó y... ¡premio! Él y su hermano pudieron comer tranquilamente una miel muy dulce.

➢ EL SEMÁFORO
(Niños solitarios e inhibidos)

Ya sabéis que los semáforos, para que sean útiles evitando accidentes, deben seguir unas normas y así los conductores pueden circular tranquilamente siempre que cumplan el código de circulación.

Pues ya veréis la que se armó cuando un semáforo de la plaza mayor no quiso seguir cumpliendo su tarea de siempre.

De repente cambió los colores, no le gustaban ni el rojo, ni el verde ni el ámbar (naranja). Eligió el azul, el gris y el blanco. También le aburría el ritmo de encenderse y apagarse ordenadamente. Empezó a funcionar a su aire: encendía las tres luces a la vez, o por parejas, azul-gris, ahora blanco-azul, luego gris-azul... cuando se cansaba de jugar, las apagaba todas y ... ¡a descansar! Fue un desbarajuste muy grande. Los cláxones sonaban y sonaban, los conductores nerviosos protestaban porque llegaban tarde a su trabajo.

Tanto ruido metieron que al final llamaron a un guardia urbano, que tapó el semáforo y reguló el tráfico. Normalizada la circulación, llamó a un técnico que desmontó el semáforo y lo llevó al chatarrero.

¡Qué sólo se encontraba el semáforo allí! Si no respetamos las normas corremos el peligro de quedarnos solos y no tener amigos.

EVALUACIÓN Y POSTEVALUACIÓN DE LAS ACTITUDES

➤ UN RAYO DE SOL
(Estaremos más contentos cumpliendo nuestro deber y las normas de conducta)

El sol tiene miles y miles de rayos que todos los días envía para que nos iluminen y nos calienten.

Ocurrió una mañana que un pequeño, muy pequeño rayo de sol no quiso salir con los demás, quería viajar y jugar a sus anchas. Como era tan pequeño pensó que no se darían cuenta de que no hacía su trabajo y que no estaba en su lugar.

Así que se dejó caer en un montón de arena. Pero se aburrió durante el día y por la noche no estaba contento. Al día siguiente se fue al mar. Jugó con algunos pececillos pero los grandotes ni le miraban. Tampoco le gustó.

Al tercer día aterrizó en el tejado de una fábrica. Al principio todo era nuevo, la gente, el ruido, los humos, las máquinas, pero muy pronto tuvo dolor de cabeza y se fatigó. Hubo de esperar al anochecer para reposar y descubrir con tristeza que los otros rayos se habían cansado de esperarle.

Pensó que sería mejor volver a ocupar su puesto antes que le olvidaran del todo. Así que, al día siguiente decidió regresar con los demás rayos al bosque. Nada le pareció tan bonito como su pequeño claro del bosque porque los animales, las plantas y los árboles le dieron la bienvenida con alegría puesto que echaban de menos su calorcito y su luminosidad.

➤ EL CHARLATÁN
(Charlatán y movido)

Había una vez un niño que no se preocupó nunca de su lengua. La dejaba suelta y charlaba por los codos. Este niño había cuidado siempre sus dientes. Un día la lengua se descontroló y empezó a decir tonterías y a insultar a todos los niños de la escuela.

Los dientes estaban tristes y enfadados porque su dueño se quedaría sin amigos y todos se avergonzarían de él. Con un rechinar de dientes, se pusieron de acuerdo. La boca de su amigo se abrió y se cerró en el preciso momento que la lengua charlaba. La atraparon con un fuerte mordisco. La lengua quedó más roja que nunca y en cuanto quedó libre de los dientes se prometió que hablaría menos y mejor.

➢ EL TOPO TOP
(Charlatán y movido)

La familia del topo Top, había excavado muchas galerías, en unas almacenaba comida, en otras tenía sus camas, en otras enterraba sus desperdicios, otras eran para jugar los pequeños pero había unas galerías por las que no se podía pasar porque servían para despistar a los zorros y demás animales salvajes.

Top sabía que era peligroso moverse y hablar en aquellas galerías, pero decía que no podía estarse quieto y mucho menos callado. Le encantaba moverse, cantar y parlotear aunque estuviera solo. Aprovechaba el menor descuido de sus padres y hermanos para recorrer todas las galerías.

Un día su familia recibía una visita y Top aprovechó para moverse por las galerías prohibidas con tan mala fortuna que unas zorras descubrieron la madriguera y con sus garras y hocicos empezaron a destruirla para atrapar a los topos.

Top tuvo suerte, sus padres conocían una salida secreta y todos se pudieron salvar. Top prometió que aprendería a callar y a estar quieto cuando fuera necesario.

➢ LA MULA Y EL PATO
(Rechazado)

Una mula y un pato se escaparon de la granja. La mula caminaba más rápida que el pato y tenía que pararse muchas veces para no dejarle atrás. La mula empezó a cansarse y se reía del pato, de sus andares y de su lentitud; acabó por llamarle «pato patoso».

El pato seguía tranquilo sin enfadarse. Continuaron por caminos y bosques hasta que llegaron a un barranco, el pato lo cruzó volando y la mula tuvo que dar un gran rodeo. Cuando llegó al otro lado le estaba esperando el pato bien descansado y sin burlarse. Siguieron andando, la mula empezaba de nuevo a cansarse del caminar lento del pato cuando tuvieron que cruzar un río muy ancho. El pato se puso a nadar suave, rápidamente, y sin esfuerzo llegó a la otra orilla. La mula tuvo que vadear el río, nadó con gran esfuerzo y tardó mucho en llegar.

Allí estaba el pato bien seco, esperándole. La mula salió del agua empapada y avergonzada, pero fue valiente al decir al pato: «Amigo tu andar no es bonito pero vuelas y nadas de maravilla. Yo soy rápido y sé trotar, pero no nado bien y no puedo volar».

➤ EL TRAJE DE NOCHE
(Rechazado)

Una mariposa se burlaba siempre del gusano por su lentitud y por su traje verde y liso.

¿Por qué no vienes a volar conmigo? ¿Tienes vergüenza o eres un miedica? No me digas que te viste un sastre aburrido. ¿Quieres que te dé la dirección de mi modisto, a ver si te viste como a mí?

El gusano, sin enfadarse, le contestó: Ven este anochecer con tus amigas y os enseñaré mi traje de noche.

Cuando el sol empezó a ocultarse, fueron todas las mariposas al lugar convenido. La mariposa burlona, al no ver inmediatamente al gusano, dijo a sus amigas: «Nos ha engañado, no le veo por ninguna parte. ¡Vámonos!».

Ya se iban cuando volando por encima de una madreselva, una mariposa gritó: «Mirad, hay una ramita brillante ¿Qué será?».

Se acercaron y se quedaron boquiabiertas. Era el gusano que les mostraba su traje de noche, brillante como la luna. No habían visto nada igual. Suerte que la oscuridad de la noche ocultó la vergüenza de la mariposa, mientras que sus compañeras felicitaban al gusano por su traje.

➢ LOS GNOMOS
(Desmotivado)

Un hada madrina usó su varita para construir cinco casitas preciosas en el más maravilloso bosque. Las regaló a unos gnomos recién llegados. Tan sólo debían cuidar de su casita y mantenerla limpia y ordenada.

Fla, Fle, Fli, Flo, Flu se instalaron en una de ellas. Pasó el tiempo y sólo se ocupaban de comer y dormir. La casita fue perdiendo su color, el polvo se posaba en todas partes, las arañas ocupaban los rincones y la basura se iba amontonando. Sus amigos y vecinos les avisaban que aquello no estaba bien, pero ni Fla, ni Fle, ni Fli, ni Flo y mucho menos Flu hicieron caso. Les daba igual; estaban bien así. Cada cual que se ocupe de su casa, decían.

El hada madrina perdió la paciencia y puso orden con su escoba mágica.

Así lo hizo y escobazo por aquí, escobazo por allí, lo barrió todo, y cuando digo todo, me refiero a Fla, Fle, Fli, Flo y Flu que tuvieron que pasar aquel invierno en el bosque soportando la nieve y la lluvia, durmiendo al raso y buscando algo para comer.

¡Qué arrepentidos estaban! Si el hada madrina les perdonaba en primavera, su casita sería la más bonita del bosque.

➢ EL ROBOT
(Desmotivado)

Un sabio muy sabio construyó un robot y le llamó Joe. Estaba seguro de no haberse olvidado de ajustar bien ninguna pieza y que sería un robot perfecto.

Empezó pidiendo a Joe que preparase la comida, quien la guisó en un momento pero, al servirla, la derramó por el suelo. Joe espero nueva orden.

El sabio le mandó lavar los platos y Joe entró en la cocina y lavó algún plato, pero rompió muchos más. El sabio reajustó las piezas a Joe y le ordenó barrer el comedor. Joe empezó bien pero con el mango de

la escoba dió un golpe a un bonito jarrón que cayó al suelo hecho añicos. El sabio no estaba contento con Joe y le ordenó permanecer quieto mientras le observaba atentamente porque quería descubrir el fallo. Miró, remiró, ajustó y reajustó...
¡Ya lo tiene! Se había olvidado de ponerle interés y entusiasmo. Le colocó dos ruedecitas bien apretadas y le pidió que cortara el césped del jardín.
A Joe le salió de maravilla, no estropeó ningún rosal y el jardín quedó precioso.
Ahora Joe es un robot perfecto.

➢ LA CEBRA
(Llamar la atención)

En el zoo había una cebra que presumía de ser la más valiente y de no tener nunca miedo.
Llamaba la atención de los elefantes, los hipopótamos y los camellos con su trotar elegante. Cuando las jirafas bebían, ella les recordaba siempre que resultaban ridículas con sus largas patas y cuello sin fin. Metía su hocico en las madrigueras de ratones, conejos, topos o erizos y se divertía asustándolos con sus relinchos. Se paseaba erguida y valiente delante de los leones o de los tigres, siendo la admiración de los monitos y de los loros que repetían: "cebra valiente, cebra valiente".
Ocurrió una tarde que el cielo se oscureció y unos nubarrones amenazadores aparecieron de repente. Todos los animales del zoo se escondieron en sus madrigueras o refugios. La cebra, no. Quería demostrar, como siempre hacía cuando iba a llover, que ella no tenía miedo. Pero no contaba con aquella supertormenta. A un relámpago descomunal le siguió un trueno terrible y cuando apareció el segundo relámpago la cebra se puso a trotar asustadísima buscando un refugio. Pero como no había querido usarlo nunca, se encontró calada hasta los huesos y en la jaula de los pavos.
Cuando terminó la tormenta, todos los habitantes del zoo estaban alegres, habían visto que todos los animales pueden tener miedo, incluida la cebra que comenzó a ser más humilde.

➢ EL KOALA
(Llamar la atención)

Kike estuvo tranquilo hasta que llegaron los gemelos. Ahora ya nadie se fijaba en él. Todos los vecinos y amigos traían regalos para los recién nacidos y estaba convencido de que sus papás ya no se preocupaban de él.

Así es que, en vez de jugar con los otros koalas, cambió de lugar los nidos del bosque y los papás pájaros perdieron el tiempo buscando a sus polluelos. Descubrió la despensa de nueces y avellanas de las ardillas y estuvo haciendo puntería con ellas, de manera que las pobres ardillas tuvieron que recogerlas de nuevo. Interrumpió la carrera de las liebres y urgó en la madriguera del tejón.

Los koalas amigos de Kike, decidieron poner fin a sus tonterías y pidieron ayuda a un enjambre de abejas que esperaron el momento en que Kike estaba distraído y le atacaron todas a la vez. Kike asustado se tiró al suelo y fue rodando hasta el río. Aunque se libró de las abejas, mojarse a la fuerza no le gustó nada. Ahora todos sus amigos le esperan para que juegue con ellos y deje que los demás hagan sus trabajos con tranquilidad, al igual que sus papás que podrán cuidar de los gemelos como cuidaron primero de él. ¡Kike ya es mayor!

4. Recursos de trabajo y de postevaluación

Rincones, Proyectos y TIC

Los Proyectos de trabajo, los Rincones y las Nuevas Tecnologías son estrategias que favorecen la motivación, la globalización, permiten atender a la diversidad e introducir en el aula los recursos técnicos del siglo XXI para provocar aprendizajes significativos y funcionales.

Son herramientas pedagógicas muy útiles para conocer e intercambiar aprendizajes dentro y fuera del aula.

Su amplitud posibilita trabajar gran cantidad de conocimientos (conceptuales, procedimentales y actitudinales) de forma natural, actual y globalizada, dando significado y utilidad a cuanto les rodea. Ello nos permite observar sus intereses y encauzar adecuadamente aquello que más les conviene para actuar libremente en la sociedad que les envuelve.

Su desarrollo implica potenciar gran cantidad de estrategias que explícitamente se manifiestan en su manera de actuar y sobre todo mostrando a los demás lo aprendido, especialmente en la puesta en común que también debe aprovecharse para intercambiar los aprendizajes entre iguales.

Después de evaluar el trabajo en Proyectos, Rincones, TIC... se ve la necesidad de ajustar los objetivos según las necesidades de cada alumno y grupo y preparar actividades de postevaluación a la carta.

Para estas estrategias, la puesta en común tiene una importancia primordial ya que al trabajar en diferentes grupos es necesario organizar una sesión para compartir los aprendizajes asumidos por los distintos sectores y con el resto de la clase. De esta forma, toda la clase participa y se enriquece del trabajo de cada grupo que actúa autónomamente.

PROYECTOS DE TRABAJO * NUEVAS TIC * RINCONES

- ORGANIZAR LOS CONTENIDOS DE ENSEÑANZA GARANTIZANDO UNA MOTIVACIÓN ELEVADA PARA EL APRENDIZAJE
- TRATAR ASPECTOS DE LA REALIDAD DESDE UNA PERSPECTIVA GLOBALIZADORA
- INCIDIR EN LA CONSTRUCCIÓN DEL CONOCIMIENTO, EL DESARROLLO DE HABILIDADES Y FORMAS DE COMPORTAMIENTO DE MANERA ESTRATÉGICA
- ATENDER A LA DIVERSIDAD DEL ALUMNADO DESDE UNA MISMA PERSPECTIVA
- PROVOCAR APRENDIZAJES SIGNIFICATIVOS Y FUNCIONALES

Esta postevaluación es la que nos orientará para adecuar los Rincones, Proyectos y nuevas TIC, para ir superando los aprendizajes y evitar que sean estáticos y monótonos.

Los Rincones del juego simbólico

Con la finalidad de que los niños de parvulario accedan al código, a la comprensión y expresión del lenguaje verbal y numérico mediante contextos significativos, se pueden organizar las aulas con Rincones-talleres motivadores y próximos a sus intereses mediáticos; estos *Rincones* son los de *vida cotidiana* dónde están incluidos los elementos siguientes: casa, supermercado, hospital, televisión y correos. El medio vehicular de su enseñanza-aprendizaje es el juego que les ayuda a desarrollar el rol de adultos.

Entendemos los Rincones de juego simbólico como la organización del aula en espacios distintos, donde se ubican materiales diversos para que los alumnos puedan realizar actividades que les ayuden en su desarrollo, de manera que cada uno pueda avanzar según su ritmo, intercambiando sus experiencias con el maestro y otros compañeros, facilitando la evaluación y postevaluación.

Componentes:

- *Espacios distintos* para romper con la organización tradicional del aula.
- *Materiales diversos* seleccionados por el maestro con la función concreta de responder a los objetivos de la programación y capaces de estimular la actividad de los alumnos.
- *Actividades* que les ayuden en su *desarrollo*, previsto en la programación: desarrollo intelectual (conceptos matemáticos, lingüísticos, habilidades mentales...); desarrollo afectivo (fomentar actitudes, valores, normas...); desarrollo motriz (adquisición de habilidades y destrezas); desarrollo social (actitudes como la cooperación y la tolerancia).
- *Ritmos individualizados,* que cada niño encuentre actividades relacionadas con sus capacidades. En este sentido no es una educación en la «norma» sino en la diversidad.
- *Puesta en común:* Intercambio de experiencias con el adulto y los compañeros.

El niño no aprende sólo a través de las informaciones del maestro sino también contrastando con sus compañeros (aprendizaje cooperativo).

En resumen, significa un cambio en el estilo del maestro y en la manera de aprender, que facilita una gradación de conocimientos de forma que permita superar pequeñas insuficiencias a unos y ampliar, investigar o crear a aquellos alumnos que asimilan con mayor rapidez; en una palabra que gocen aprendiendo. Asimismo solucionan al docente el problema de la postevaluación.

Los *objetivos* más relevantes son:

1. Motivación para el aprendizaje de la lecto-escritura.
2. Encontrar la funcionalidad de la lectura y la escritura haciendo: recetas de médico, lista de la compra, preparación de la comida, posibilidad de comunicarte a distancia.
3. Hallar la funcionalidad de las matemáticas, hacer cálculos, devolver el cambio, hacer mediciones, marcar números de teléfono, etiquetar precios, clasificar materiales, etc.
4. Adquisición de roles de la vida cotidiana y del entorno social: médico, enfermera, paciente; vendedor, comprador; labores caseras (cocinar, poner la mesa, cuidar de las muñecas...); cartero (escribir, repartir, leer, contestar... cartas y mensajes).
5. Saber utilizar correctamente el material y al finalizar la actividad dejarlo todo recogido.
6. Aprender a trabajar en equipo.
7. Utilizar un trato afectuoso y cordial entre médico y paciente, vendedor y comprador, etc.

Es función de la maestra comentar a nivel de grupo cómo han transcurrido las distintas actividades: corregir las fichas, enseñar al resto de compañeros los carteles, anuncios, ofertas, precios..., valorar positivamente si han ordenado el rincón y felicitar a los cocineros, carteros, médicos...

Periódicamente, la maestra observará que el material de los distintos rincones esté en condiciones y reponerlo si se ha terminado.

«Rincón de la Casita»

En este rincón los niños y niñas reproducen actuaciones del ambiente familiar, como limpiar la casa, poner la mesa, acostar o llevar a pasear a las muñecas, vestirlas, darles de comer, bañarlas, planchar la ropa, hacer la cama, etc.

Para ello es necesario el siguiente material: platos, vasos, cucharas, tenedores, escoba, recogedor, fregona, teléfono, peines, pinzas, ollas, sartenes, fogones, sábanas, delantales...

En él los alumnos preparan degustaciones para toda la clase, como por ejemplo: galletas con mermelada, macedonia de frutas, un sencillo pastel, palomitas de maíz, una ensalada...

Antes de finalizar la actividad deben escribir en una ficha la receta que han preparado con los ingredientes necesarios.

RINCÓN DE LA CASITA	
Actividades ⬅➡	*Objetivos específicos*

✓ Seleccionar los ingredientes necesarios.
✓ Descubrir qué es necesario comprar (ofertas).
✓ Analizar la disposición gráfica de las recetas.
✓ Lectura de las recetas.
✓ Discusión sobre las recetas que se tienen que elaborar.
✓ Comprar en la tienda los ingredientes necesarios.
✓ Escribir la receta.
✓ Elaboración.
✓ Degustación.
	Grupo A, *reconocer*.
	Grupo B y C, *saber escribir y leer*.
	
	En relación al texto
	— Títulos.
	— Lista de ingredientes.
	— Lista de utensilios.
	— Nombre de los autores y fecha.
	
	En relación con la disposición gráfica
	— Separación gráfica entre:
	  • Ingredientes.
	  • Utensilios.
	  • Elaboración.
	— Utilización de dibujos e imágenes ilustrativas.
	
	Lenguaje matemático
	— Repartir proporcionalmente.
	— Contar alimentos.
	— Preparar el dinero para la compra.

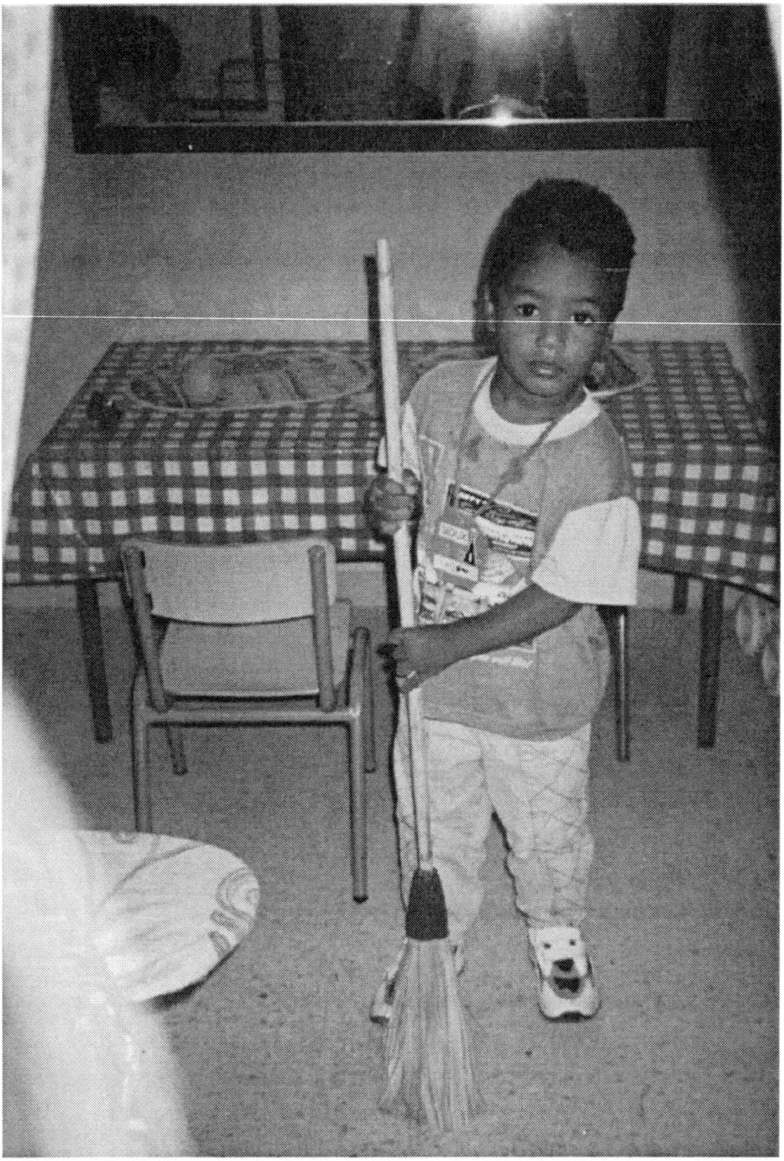

RECURSOS DE TRABAJO Y DE POSTEVALUACIÓN

Ficha modelo

Ejemplo de ficha completada por un alumno

Conviene recordar que la postevaluación pretende que todo el grupo clase participe en una misma actividad pero con distinto grado de dificultad o exigencia.

A tenor de los objetivos logrados en la evaluación marcamos tres niveles de dificultad:

- El nivel A, responde a los alumnos que precisan afianzar los objetivos adquiridos y su autoestima a través de éxitos más asequibles.
- El nivel B, son los que superan a buen ritmo los objetivos y para evitar su desmotivación se les proporcionan actividades adecuadas.
- El nivel C, corresponde a los más activos y creativos que son un estímulo para el grupo B y permiten al tutor/a atender individualmente al grupo A.

Advertimos que estas agrupaciones son flexibles y dependen de la actividad. En general los niños/as las desconocen.

El programar actividades libres y con distintos grados de dificultad dentro de una macro-actividad como los Rincones o Proyectos nos permite potenciar al máximo las capacidades del progreso individual.

Ponemos un ejemplo de ficha en blanco y otra escrita por niños de 5 años de nivel alto (C) en la página 107.

Al final de la clase todos participan del alimento o plato elaborado.

«Rincón de la Tienda o Supermercado»

En este rincón se reproducen las actuaciones de comprar y vender. Los alumnos deciden quién hace de comprador y quién de vendedor.

La tarea del comprador consiste en llevar un cesto y un monedero con dinero, acercarse a la tienda, utilizar las formas de saludo y cordialidad (buenos días, buenas tardes, adiós...) y hacer la compra de una lista de alimentos ya preparada.

Rincón de la Casita y de la Tienda en un aula.

Según el nivel del alumno, harán la lista de la compra de memoria (nivel C) o bien copiando los nombres de los alimentos (nivel B) o elegirán unas imágenes del supermercado que representen los alimentos que quieren comprar (nivel A).

El vendedor también utilizará las formas de saludo y cordialidad (buenos días, ¿qué desea?, hasta luego, muchas gracias...).

Normalmente se utilizan alimentos reales: frutas, galletas, patatas chip, pan de molde, chocolate, mermelada, etc., además el vendedor dispondrá de una máquina registradora y dinero para devolver el cambio. Para hacer más atractiva la actividad los mismos alumnos prepararán las ofertas del día o de la semana y harán los carteles con el nombre y precio de los alimentos.

Para finalizar su trabajo, los alumnos escribirán una ficha según el nivel. Por ejemplo, para nivel alto C:

LA TIENDA

FECHA: ....

COMPRADOR/A: ....

LISTA DE LA COMPRA

....
....
....
....
....

VENDEDOR/A: ....

Ficha modelo

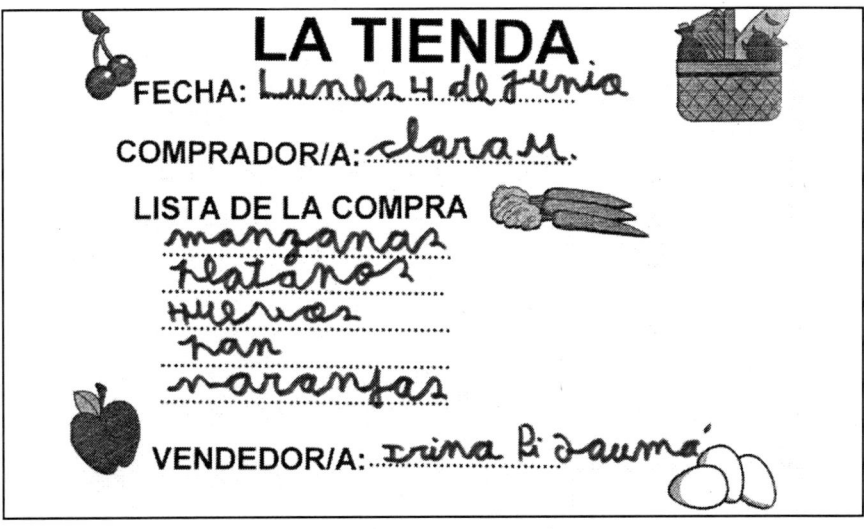

LA TIENDA

FECHA: Lunes 4 de junio

COMPRADOR/A: clara M.

LISTA DE LA COMPRA

manzanas
plátanos
huevos
pan
naranjas

VENDEDOR/A: Irina Pi Jaumá

Ficha completada por una alumna.

RECURSOS DE TRABAJO Y DE POSTEVALUACIÓN

RINCÓN DE LA TIENDA O SUPERMERCADO	
Actividades ⟷	*Objetivos específicos*
Escribir: ✓ Fecha y firma de los vendedores. ✓ Nombre de los compradores. ✓ Observar sus comportamientos (amables, autoritarios, exigentes...). ✓ Hacer la lista de las cosas que compran. ✓ Calcular cantidad y precio. ✓ Calcular precio unitario y total. ✓ Elaborar ofertas. ✓ Confeccionar carteles.	Grupo A, *conocer.* Grupo B y C, *saber y usar.* *En relación al texto, ofertas y libreta del vendedor* — Títulos con el nombre y los precios de los productos. — Utilización de mensajes breves con la presencia de palabras clave o fórmulas que inciten al consumo. — Verbos en imperativo. — Sintaxis con pocos nexos. — Escritura de nombres comunes y propios. — Escritura de textos que expliquen el comportamiento del comprador. — Fecha y firma. *En relación con la disposición gráfica* — Escritura de letras en gran formato, de diferente tipología, con cartulina, diarios, revistas... — Utilización de imágenes y elementos topográficos. — Separación gráfica entre diferentes grupos de contenidos. *Lenguaje matemático* — Observación de la realidad y funcionalidad de los números. — Interpretación del valor de los productos. — Diferenciar lo caro y lo barato. — Utilización de la moneda. — Etiquetar precios. — Clasificar y ordenar los materiales. — Utilizar la balanza. — Iniciación a las medidas de longitud, peso y capacidad.

© narcea, s.a. de ediciones

«Rincón del Hospital o del Médico»

En grupos reducidos, ellos mismos eligen el papel de médico, enfermero o paciente. Para imitar el papel de médico, el rincón dispone de un material lo más real posible: vendas, batas, mascarillas, gorros, espátulas, jeringas, tiritas, fonendos, esparadrapo, termómetro...

El médico visita al paciente, éste le explica lo que le duele y el médico escribe la receta con la medicación adecuada. A continuación incluimos un modelo en blanco de receta y otro escrito por un alumno de nivel C.

RINCÓN DEL HOSPITAL O DEL MÉDICO	
Actividades ←→	Objetivos específicos
✓ Visitar pacientes. ✓ Explicar motivos de la visita. ✓ Diagnosticar. ✓ Dar consejos médicos. ✓ Escribir receta médica. ✓ Anotar varias soluciones (investigación). ✓ Buscar dirección y teléfono del paciente, si es necesario. ✓ Estudiar las partes del cuerpo humano. ✓ Elaborar la ficha de cada paciente.	Grupo A, *diferenciar*. Grupo B y C, *escribir y leer*. **Ficha del paciente** *En relación al texto* — Escritura del nombre del paciente y del doctor. — Escritura de pequeñas frases: motivo, prescripción facultativa, fecha... — Firma del doctor/a. *En relación a su disposición gráfica* — Separación entre bloques de contenidos: motivo, respuesta, consejo. — Utilización: logotipos, formato de letras... *Lenguaje matemático* — Reconocimiento de números: dosis de las medicinas, hora y día de visita, peso, medida y años del paciente, dirección, teléfono... — Partes del cuerpo sencillas (nariz, boca...) y dobles (brazos, ojos, orejas, piernas...).

RECURSOS DE TRABAJO Y DE POSTEVALUACIÓN

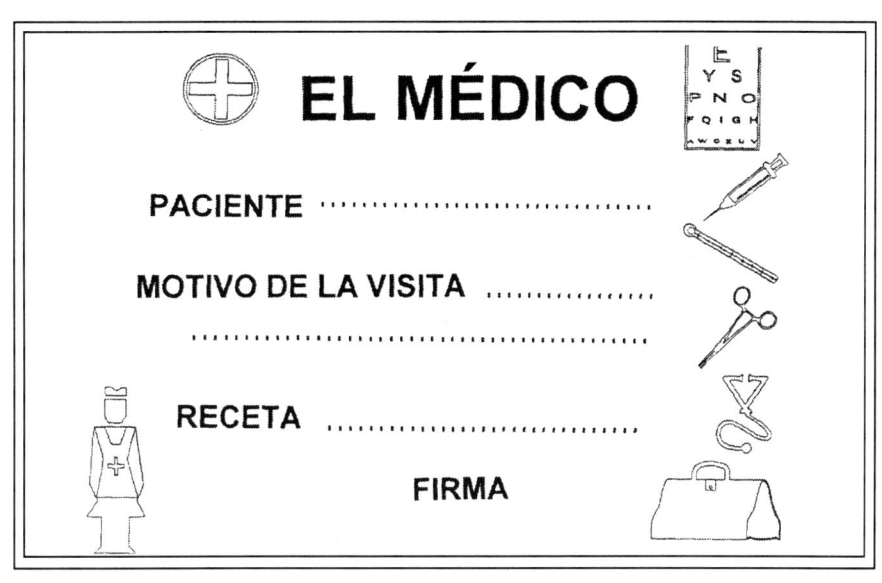

EL MÉDICO

PACIENTE ....

MOTIVO DE LA VISITA ....
....

RECETA ....

FIRMA

Ficha modelo

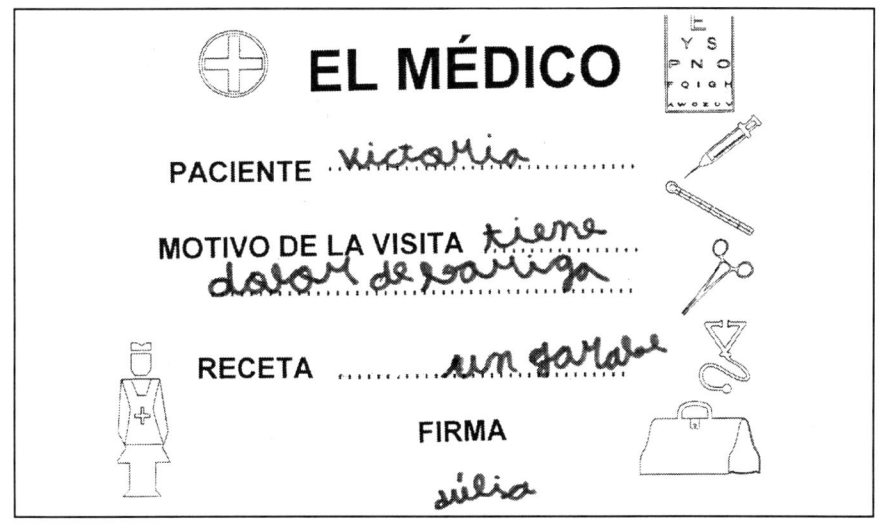

EL MÉDICO

PACIENTE victoria

MOTIVO DE LA VISITA tiene dolor de barriga

RECETA un jarabe

FIRMA

Julia

Ficha completada por una alumna

«Rincón de Comunicación»

La comunicación es indispensable para que los pequeños aprendan a dialogar y expresar libremente todo aquello que ven, oyen y piensan. Los objetivos primordiales son:

- Facilitar la comprensión.
- Potenciar la expresión.
- Favorecer la autoestima sintiéndose personas participativas en su entorno socio-cultural.
- Pasar, con facilidad en un futuro, de oyentes pasivos a oyentes activos y críticos, abiertos al diálogo y a la solidaridad.

Por su importancia presentamos a continuación dos rincones de comunicación: la televisión, en el que destaca el lenguaje oral y la comunicación, y la oficina de correos, en el que prevalece el lenguaje escrito.

Rincón de la Televisión

La televisión tiene una gran incidencia en la adquisición de conocimientos, valores y actitudes, puesto que muestra situaciones y hechos de la vida, ya sea por medio de programas informativos, científicos, recreativos... muy atractivos a través de la imagen y la palabra con ambientación musical.

De ahí la razón del rincón de la televisión entendido como un medio interactivo que permite construir nuevos conocimientos, corregir errores conceptuales y compartir nuevos significados de manera libre y espontánea.

El rincón debe estar ubicado en un espacio que permita buena movilidad, visualización y participación. Compuesto por una caja de televisión real, vacía, es decir el chasis, o una caja grande de cartón imitando una televisión, colocada encima de una mesa, con dos sillas delante para el presentador y el sintonizador de canales o canalista. Cerca de la TV puede ponerse un radio-cassette para el encargado de la sintonía musical.

Rincón de la Televisión

Detrás de la TV se colocarán los presentadores y los informadores del día que han de transmitir las noticias y programas. El resto de la clase se colocará delante y alrededor, sentados y preparados para oír las novedades del día.

Partiendo de la base de la importancia de la comunicación y para obtener el mejor rendimiento, este rincón puede funcionar a primera hora de la mañana o de la tarde. La duración variará en relación a los niños que quieran participar y del debate que genere. En las primeras horas los niños tienen un montón de cosas para explicar ya sean vividas, observadas de camino a la escuela, oídas en la radio o TV, o preparadas en casa.

En el grupo clase, la tutora anima a participar a todos eligiendo el canal, creando un clima de silencio y atención en el desarrollo del espacio televisivo y conociendo y respetando las reglas de funcionamiento y presentación de sus compañeros.

El pequeño grupo es el que va entrando paulatinamente y los que van asumiendo las funciones de:

- Presentador, que inicia, da paso a informadores y cierra la emisión.
- Canalista, que adivina y conecta los canales.
- Sintonizador, que interviene en la ambientación musical.
- Informadores o periodistas que transmiten las noticias.

La tutora los anima y los dirige para aumentar su competencia comunicativa incidiendo en sus capacidades de comprensión y expresión oral. Cada uno puede ir actuando en las distintas funciones a fin de regular su propio proceso de aprendizaje. Este rincón tiene como objetivos:

- Potenciar formas creativas de presentación y amenización del grupo.
- Incidir en las actitudes, valores y normas a nivel personal y de grupo.
- Vencer las dificultades como la timidez, la expresión verbal y corporal.
- Incrementar la autoestima, sentirse escuchado y halagado por sus compañeros.
- Adoptar actitudes de espera, atención, interés por las informaciones, no perdiendo el hilo de la expresión.
- Aprender a solucionar los conflictos colectiva y cooperativamente.
- Favorecer la curiosidad (explorar, buscar,...) hasta obtener respuestas a los porqués.
- Respetar las actuaciones de los compañeros.
- Aceptar las ideas de los demás.

Consideramos altamente positivo este rincón por permitirnos potenciar la relación entre el grupo-clase con los demás alumnos de la escuela y miembros de la comunidad educativa.

Nos facilita saber, sin forzar, los conocimientos previos de los alumnos y sus intereses, no siempre coincidentes con los de los adultos.

RECURSOS DE TRABAJO Y DE POSTEVALUACIÓN

RINCÓN DE LA TELEVISIÓN	
Actividades ⬅➡	*Objetivos específicos*
✓ Elegir el número del canal según sea una noticia de deportes, del tiempo... ✓ Elegir el número del canal, haciendo sumas con los dedos (si es el 5 puede ser 2+3 o bien 4+1). ✓ Realizar la presentación, mantenimiento y despedida de las emisiones y de los personajes. ✓ Mantener la sintonización musical. ✓ Plasmar alguna noticia o programa ya sea mediante dibujo o palabras. ✓ Elaborar, conectar, situar y retener nuevas informaciones en esquemas de conocimiento más o menos amplios o modificar los anteriores. ✓ Recuperar o activar informaciones presentes en la memoria.	Grupo A, *reconocer*. Grupo B y C, *usar*. *Lenguaje oral y matemático* — Los canales no son estáticos, están en función de los intereses o necesidades del grupo. • Canal 0: personajes de los cuentos. • Canal 1: noticias. • Canal 2: deportes. • Canal 3: investigaciones, experimentos. • Canal 4: el tiempo. • Canal 5: medio/ambiente. • Canal 6: cocina. • Canal 7: salud. • Canal 8: ocio, refranes, canciones, juegos... • Canal 9: top secret (cómo solucionar conductas disruptivas). • Canal 10: personajes invitados. — Buenos días, buenas tardes...día, mes... hora (puede recordar refranes, poesías, canciones). — Nombre, apellidos, retrato del presentador... — Elección del tipo de música, de las interrupciones o de la música ambiental. — Lenguaje gráfico y escrito. — Lenguaje escrito e iconográfico. — Lenguaje oral.

© narcea, s.a. de ediciones

Es un rincón gratificante para todos e imprevisible para los tutores, puesto que sus investigaciones y espontaneidad llegan a sorprendernos la mayoría de las veces. Es un estímulo para la creatividad infantil y una plataforma de participación que va desvelando hasta a los más tímidos y retraídos.

Asimismo es frecuente observar tres roles que no siempre coinciden con la lectoescritura:

- *Rol del experto*, líder que siempre lo sabe todo y domina la lectoescritura.
- *Rol del aprendiz*, que puede salir como experto en temas orales pero no coincide en aspectos de lectoescritura.
- *Rol de iguales*, les gusta ser receptivos y experimentar en lugares tranquilos o en casa, coincidiendo a veces con la lectoescritura.

Permite estimularlos a ampliar conocimientos, corregir construcciones erróneas no solamente por el tutor sino por los compañeros. En este rincón comparten significados, aprenden cooperativamente siendo actores y receptores a la vez, sintiéndose importantes y necesarios. La televisión es un medio de comunicación que facilita la comprensión, la expresión oral y la reflexión (trabajando la metacognición).

Finalmente se atiende a los niños en toda su globalidad puesto que se trabajan al mismo tiempo todas las áreas curriculares y de forma natural cualquier contenido.

Rincón de Correos

En este rincón se proporciona un espacio de conversación diversificado y organizado en tres niveles:

a) *Grupo medio o clase (nivel B),* en el que el tutor va introduciendo gradualmente contenidos como:

1. Elementos de una carta: Lugar de origen, fecha, saludo (variada y creativa), presentación, contenido o cuerpo, despedida (múltiples posibilidades y firma).

RECURSOS DE TRABAJO Y DE POSTEVALUACIÓN

Ejemplo Mensaje-Carta

ELEMENTOS DE UNA CARTA				
1	2	3	4	5
Fecha	Saludo	Dibujo/letras	Despedida	Firma
Lunes Martes Miércoles Jueves Viernes Sábado Domingo	Hola	*(dibujo)* Me gusta jugar a pelota	Un beso	

Para escribir una carta hay que escoger una palabra o frase de cada columna, del 1 al 5.

    2. Partes o estructura de una tarjeta, telegrama, fax, e-mail...

    3. Diversidad de cartas según los destinatarios (un amigo, la abuela, el/la profesor/a, un periódico).

    4. Características gráficas de los sobres, tarjetas, mensajes, telegramas, e-mail.

    5. Edificio de correos (tipos de buzones en calles, casas, etc.).

b) *Pequeño grupo (nivel C)* que elige la actividad libremente o responde a una necesidad generada por una actividad anterior:

    1. En el primer supuesto, sería escribir cartas, mensajes... a otro grupo, a la directora, a la tutora, a la revista escolar o a un periódico, etc.
       En el segundo supuesto sería contestar las cartas, mensajes, etc., recibidas de un grupo.

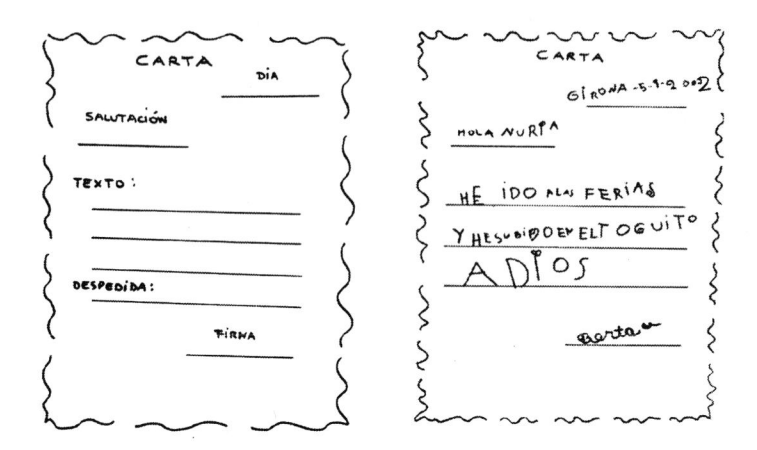

2. Otra actividad es la de escribano. Rol que asume un alumno avanzado y escribe lo que le dictan los que no dominan la escritura o simplemente les ayuda en aquellas palabras o expresiones que revisten dificultad para ellos.
3. Abrir, leer y comentar el buzón de sugerencias y hacer los «trámites» necesarios, organizándolos o distribuyendo tareas.
Escribir una carta/mensaje colectiva: el tutor o el alumno más avanzado va escribiendo en la pizarra lo que van sugiriendo los demás. Cuando reciban la respuesta, uno la leerá al grupo y entre todos darán curso a la contestación.
Confeccionar y escribir sobres de distinto tamaño y modelos, así como dibujar sellos.

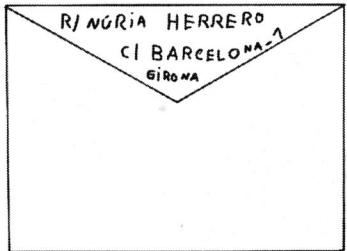

RECURSOS DE TRABAJO Y DE POSTEVALUACIÓN

c) *Individualmente (nivel A)* puede abrir el buzón y repartir el correo o la mensajería.

Otras actividades en el Rincón de Correos:

1. Escribir a título personal lo que desee (carta, telegrama, mensaje, etc.).
2. Anotar en el libro de registro las entradas y salidas de cartas, mensajes, etc.
3. En el rincón puede haber una carta o mensaje «sorpresa». La puede abrir el que vaya primero al rincón. Esta carta al principio la escribe la tutora, más tarde cuando se hayan familiarizado con el juego puede hacerlo algún alumno aventajado. El alumno que quiera abrirla debe hacer lo que en ella se le indica, como por ejemplo:

   — Averiguar la adivinanza.
   — Buscar un objeto escondido.
   — Explicar al grupo clase un cuento, un chiste, un trabalenguas, un sueño, un juego, etc.
   — Ejecutar un servicio, ordenar unas fichas de nombres o números, o poner en orden alguna parte del rincón, etc.
   — Descifrar una carta o mensaje pictográfico, por ejemplo: «Hoy hace mucho sol» (dibujo) y no se deben «regar» (dibujo regadera) «las flores» (dibujo) de la «ventana» (dibujo) porque se «mueren» (dibujo).

Objetivos:

- Incidir en el desarrollo de la lectura, copia y escritura.
- Favorecer la comunicación y la información elaborando texto.
- Establecer vínculos afectivos y de respeto entre los grupos y las personas.
- Adquirir conocimientos del medio social.

- Percibir la diversidad gráfica en la comunicación.
- Comprobar la utilidad del lenguaje numérico en la comunicación.
- Desarrollar el razonamiento y la creatividad expresiva.
- Capacitarles para elegir actividades en las que tengan éxito al ser graduadas y variadas.
- Tener la oportunidad de ayudar y colaborar con los demás.

RINCÓN DE CORREOS	
Actividades ←→	*Objetivos específicos*
✓ Pensar y redactar cartas, mensajes, telegramas, fax, e-mail. ✓ Responder a las cartas y mensajes recibidos. ✓ Utilizar servicio de Correos, confección de sellos, sobres y protocolos. ✓ Controlar buzones. ✓ Repartir cartas. ✓ Registrar entradas y salidas de cartería. ✓ Cumplimentar la ficha de autocontrol. ✓ Salir para visitar la Estafeta de Correos, un estanco, los buzones de las calles, de los pisos, bancos y otras entidades.	Grupo A, *diferenciar*. Grupo B y C, *escribir y leer*. *En relación al texto* — Características lingüísticas de una carta, una tarjeta, un mensaje, un telegrama, un fax, un e-mail. — Vocabulario específico: Destinatario, remitente, carátula, código postal, etc. — Variedad de texto: Amplio en las cartas, breve y claro en los mensajes, lacónico en los telegramas. *En relación con la disposición gráfica* — Características gráficas de los mensajes. — Mensajes dibujados. — Cartas con pictogramas. *Lenguaje matemático* — Código postal. — Número de palabras de los telegramas. — Valor de los sellos. — Direcciones: Calle, número, piso, puerta, código postal, lugar.

Estimamos muy positivo este rincón como estímulo de la lectoescritura al establecer unos canales de comunicación y de expresión escrita que a su vez incitan la creatividad y la curiosidad.

Para su funcionamiento es preciso la cooperación y la relación más o menos regular, puesto que alguien debe escribir el mensaje o la carta y otra persona debe leer y responder para establecer la comunicación. Esta actividad logra canalizar sentimientos y forjar amistades.

De manera espontánea el tutor puede conocer situaciones sentimentales y resolver resentimientos antes que se manifiesten como conductas disruptivas.

Los niños aprenden a valorar y respetar la intimidad puesto que hay que pedir permiso para leer en público una carta y para abrir el correo de un compañero.

Los niños de alta capacidad (nivel C) tienen la posibilidad de ayudar a sus compañeros más lentos facilitándoles su participación y encontrando todos el rol que les apetezca, ya sea repartiendo u organizando el correo hasta que tengan la necesidad de expresarse con mensajes cortos o cartearse con los amigos.

Finalmente es un buen recurso para abrirse a los demás, intercambiar conocimientos, experiencias, sentimientos y una buena preparación para una posterior vida social.

Los Proyectos de trabajo

Otro sistema de trabajo de evaluación y postevaluación se realiza tambien a través de los Proyectos. El concepto actual de la enseñanza nos dice que no todos los alumnos del mundo aprenden de la misma manera. Cada alumno aprende de una manera particular, cada uno llega a la escuela con su bagaje propio y con unas necesidades distintas. Ésta es la razón por la que nosotros creemos que en educación infantil las actividades tienen que ser muy variadas, utilizando distintas estrategias de aprendizaje. Lo que queremos es que aquello que aprendan nuestros alumnos sea significativo y funcional para ellos.

Trabajar por proyectos nos permite:

- Organizar los contenidos de la enseñanza de manera motivadora para su aprendizaje.
- Tratar aspectos de la realidad desde una perspectiva globalizadora.
- Atender la diversidad.
- Incidir en la construcción de conocimientos.
- Provocar aprendizajes significativos y funcionales.

Los Proyectos que desarrollamos en este libro, a modo de ejemplo o modelo a seguir son:

— El Caracol.
— Los Números.

En el cuadro de la página siguiente quedan reflejados, en esquema, todos los pasos a seguir para desarrollar un Proyecto.

Desarrollo de un Proyecto

1. **Elección del tema.** El tema ha de ser motivador. Entendemos que la motivación es encontrar sentido a lo que se está haciendo, para ello el tema debe resultar motivador. Puede ser:

    - *Escogido y consensuado libremente* por los alumnos, es decir, que haya sido votado por la mayoría.
    - *Propuesto por la maestra* y aceptado plenamente por los niños. Ejemplo la vid: la maestra propone el tema a partir de una excursión al campo y los alumnos lo aceptan por mayoría.
    - *A partir de una vivencia,* caso fortuito, noticia que les mueve la curiosidad. Ejemplo: un niño se ha tragado un hueso de aceituna y estudiamos el cuerpo humano a partir de la inquietud que muestran los alumnos para saber el camino que va a recorrer este hueso de aceituna.

RECURSOS DE TRABAJO Y DE POSTEVALUACIÓN

PROYECTOS DE TRABAJO *(pasos a seguir)*

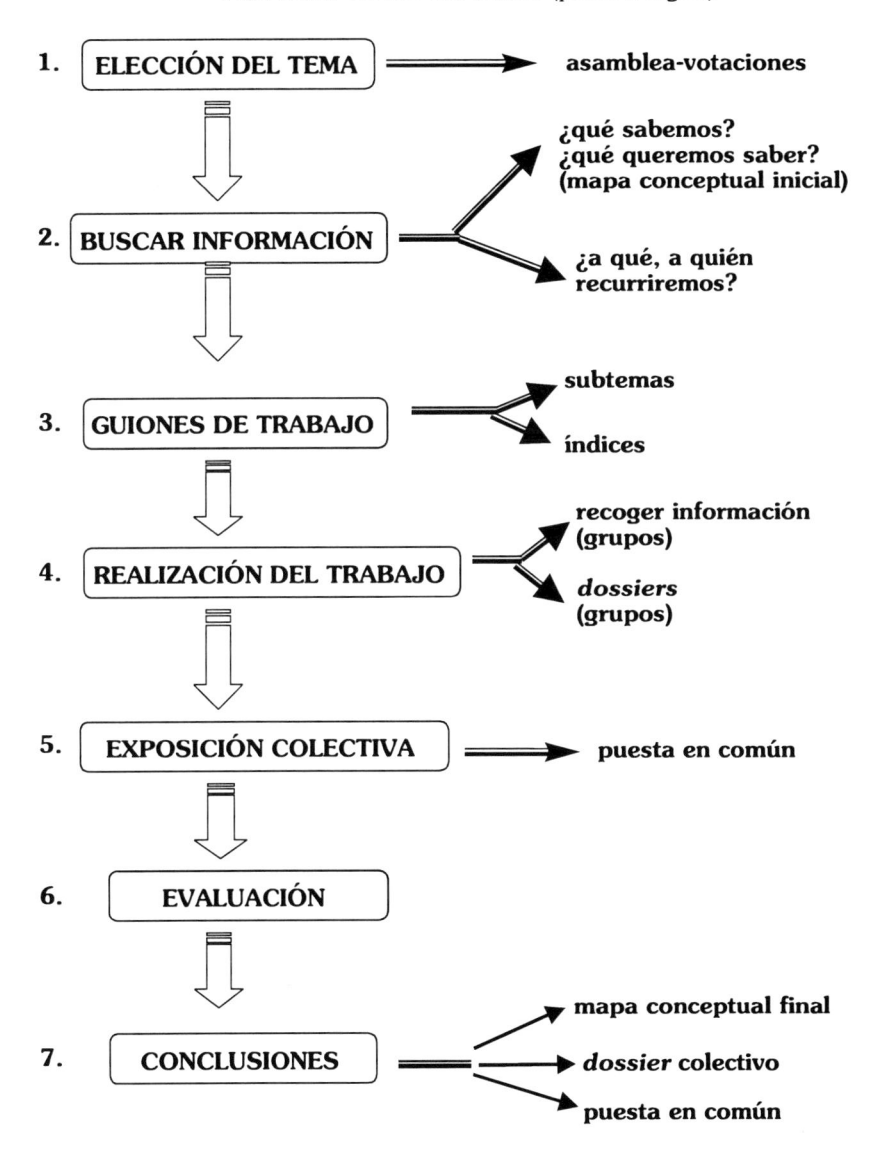

1. **ELECCIÓN DEL TEMA** ⟹ asamblea-votaciones

2. **BUSCAR INFORMACIÓN**
   - ¿qué sabemos? ¿qué queremos saber? (mapa conceptual inicial)
   - ¿a qué, a quién recurriremos?

3. **GUIONES DE TRABAJO**
   - subtemas
   - índices

4. **REALIZACIÓN DEL TRABAJO**
   - recoger información (grupos)
   - *dossiers* (grupos)

5. **EXPOSICIÓN COLECTIVA** ⟹ puesta en común

6. **EVALUACIÓN**

7. **CONCLUSIONES**
   - mapa conceptual final
   - *dossier* colectivo
   - puesta en común

En todos los casos siempre tiene que estar consensuado y plenamente aceptado por todos. El trabajo de la maestra consistirá en que los alumnos acepten el resultado de la votación.

2. **Buscar información.** Para ello tenemos que considerar:

   - *Qué sabemos:* anotamos todo lo que saben como punto de partida para seguir trabajando, corrigiendo los posibles errores y ampliando todo lo que saben.
   - *Qué queremos saber:* hasta dónde quieren llegar y qué aspectos del tema les preocupan más.
   - *Cómo lo trabajaremos:* aprender de dónde podemos obtener información (los padres, la biblioteca, los libros, vídeos, revistas, periódicos, personas que conocemos expertas en el tema, otros alumnos...).

3. **Guiones de trabajo.** Realizados a partir de sus inquietudes. Los llevamos a cabo con el objetivo de establecer un hilo conductor que nos permita saber cómo organizaremos el trabajo e integrar los nuevos conocimientos en redes coherentes e interrelacionadas. También ayudan a los alumnos y al maestro a saber qué es lo que se ha hecho, lo que queda por hacer, y qué estrategias se tendrán que llevar a cabo para ir completando los guiones.

4. **Realización del trabajo.** Cada grupo trabaja un punto del guión establecido con anterioridad. Este trabajo tendrán que ponerlo en común con los demás compañeros para que todos compartan sus conocimientos.

5. **Exposición colectiva.** Una vez por semana o, a veces, cuando se termina el trabajo matutino, antes de salir al patio, se puede hacer una puesta en común del trabajo realizado.

   - *Elaboración de un dossier con los aspectos más importantes.* Elaboramos un dossier o pequeño libro con todo lo que hemos trabajado; de esta manera los alumnos pueden comentar el trabajo con sus padres y releerlo.

- *Memorización de los aspectos más importantes.* Es necesario que memoricen algunos aspectos del trabajo realizado. Los contenidos que podemos trabajar son:

— *Conceptos:* todo lo que saben y lo que vamos aprendiendo, lo que queda plasmado en nuestro dossier final.

— *Procedimientos: asamblea,* tenemos que escuchar las propuestas de los demás, discutir, llegar a un consenso y a acuerdos sobre el tema que trabajaremos. *Expresión oral,* debemos exponer a todo el grupo lo que hemos aprendido. *Buscar la información,* saber de donde podemos aprender las cosas... Esto implica, a menudo, hacer salidas, pequeñas excursiones, aprender a observar, experimentar, si hace falta, saber manejar como es debido los libros.

— *Actitud, valores y normas:* tener ideas propias sobre qué tema quiero trabajar, para no hacer siempre lo que hacen los demás, saber reaccionar de manera positiva aunque el tema escogido no sea el propio, saber escuchar, tener una actitud positiva para recibir la información.

6. y 7. Evaluación, postevaluación y conclusiones. Son muchas las posibilidades que nos ofrecen los Proyectos para que los niños construyan conocimientos, desarrollen habilidades y generen comportamientos.

Para los educadores y educadoras debe ser más importante el proceso que el final del proyecto en sí mismo. En virtud de esto, durante las votaciones para seleccionar los temas de trabajo, pretendemos que los niños manifiesten sus intereses, respeten los de los demás y sepan llegar a un acuerdo. Para evaluar este proceso no tenemos más que observar y anotar en una hoja de observación las votaciones de los alumnos y sus reacciones, positivas y negativas.

Cuando buscamos la información, nos permite identificar distintas fuentes, diferenciar lo que nos es útil de lo que no nos sirve y organizar la información. Aquí tenemos que evaluar la participación de los alumnos: si se acuerdan de pedir información, materiales... en casa; saben manejar los libros, manuales, etc. (sin romperlos ni hacer garabatos). Aquí vuelve a entrar en juego la hoja de observación, no tenemos que apurarnos: es un grupo reducido y esto nos permite anotar un montón de cosas.

El dossier final nos sirve de evaluación del proyecto y a la vez como potenciador de la autoestima de cada alumno, ¡se sienten tan orgullosos de su trabajo!

Los mapas conceptuales son otra estrategia que utilizamos para evaluar los proyectos. Los elaboramos conjuntamente con los alumnos, con fotografías, dibujos y palabras clave. Los mapas conceptuales permiten estructurar de una manera muy clara los aprendizajes adquiridos, y contrastarlos con los anteriores. A la vez, ayudan a detectar posibles conceptos equivocados o erróneos, y sirven a los niños como esquema para explicar y repasar lo que han aprendido.

Es importante que los alumnos colaboren de manera activa con la maestra para evaluar lo que se ha hecho a través de la asamblea. Es necesario valorar el funcionamiento de los distintos grupos, el espacio habilitado para proyectos, los aprendizajes de los alumnos y la participación de la maestra.

Ya hemos visto que para evaluar los proyectos utilizamos la observación, tomando notas después de trabajar con los grupos o equipos de trabajo, el dossier final, los mapas conceptuales realizados, y también son útiles unas fichas resumen donde los alumnos puedan plasmar de manera sencilla algunos de los aspectos trabajados en el proyecto.

Una vez finalizado el proyecto base, proporcionamos pistas para prolongar el mismo tema profundizando en otros aspectos para el grupo de alta capacidad de asimilación (nivel C), a la vez que el grupo que precisa mejorar (nivel B) incide en los aspectos que no han comprendido. Ayudaremos al grupo de baja capacidad (nivel A) con fichas sencillas y complementarias.

RECURSOS DE TRABAJO Y DE POSTEVALUACIÓN

Ejemplo de Proyecto: EL CARACOL

MOTIVACIÓN

Sentados todos juntos decidimos hacer nuestra primera votación. Era muy importante votar conforme a nuestros intereses personales (no lo que interesa a nuestros compañeros). En nuestra votación salió: elefantes, coches, caballos, caracoles, patos, la luna y el sol...

Al día siguiente volvimos a realizar la votación y salió por mayoría los caracoles.

QUÉ SABEMOS

Tienen:
- un pie.
- 2 cuernos largos y 2 cortos.
- comen hierba.
- no comen sal ni pimienta.
- tienen ojos.

MAPA CONCEPTUAL INICIAL

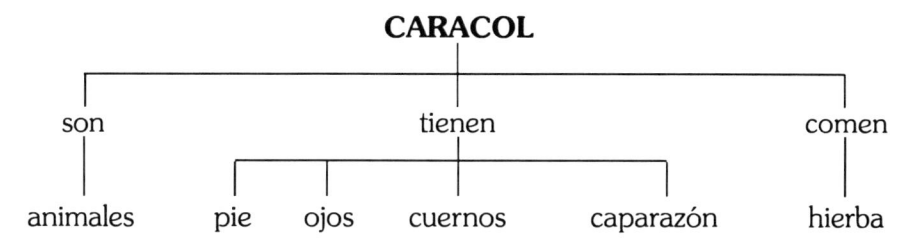

CARACOL

- son → animales
- tienen → pie, ojos, cuernos, caparazón
- comen → hierba

QUÉ QUEREMOS SABER

- Dónde tienen la boca.
- Cómo comen.
- ...

129

¿CÓMO LO TRABAJAREMOS?

- Preguntaremos a nuestros padres, abuelos, hermanos...
- A todos los que sepan cosas del caracol y nos quieran ayudar.
- Buscaremos revistas y libros.
- Preguntaremos a maestros y alumnos de otros niveles.
- Buscaremos información en Internet.

INFORMACIÓN QUE NOS HA LLEGADO DE CASA

- Los caracoles salen con la humedad.
- Van con su casa a cuestas: caparazón.
- Tienen: ojos en forma de T, un pie largo, tentáculos...
- Cuando andan dejan un rastro de babas.
- Están muy buenos para comer, pero no gustan a todo el mundo, a la tía Dolores sí que le gustan y cada año nos prepara una caracolada.
- Se pueden comer: a la brasa, con salsa...
- Nacen de huevos.
- Son moluscos.
- Son retráctiles.

GUIÓN

Ordenando ideas, elaboraremos un guión a seguir de todo aquello que queremos saber y conjuntamente investigaremos:

- ¿Qué son los caracoles?
- ¿Qué partes tienen?
- ¿Qué y cómo comen?
- Clases de caracoles.
- Maneras de guisar los caracoles, recetas.
- Adivinanzas, canciones, poesías...
- Valoración y bibliografía.

¿QUÉ SON?

Los caracoles son animales blandos, no tienen huesos, sólo un caparazón.

Son moluscos.

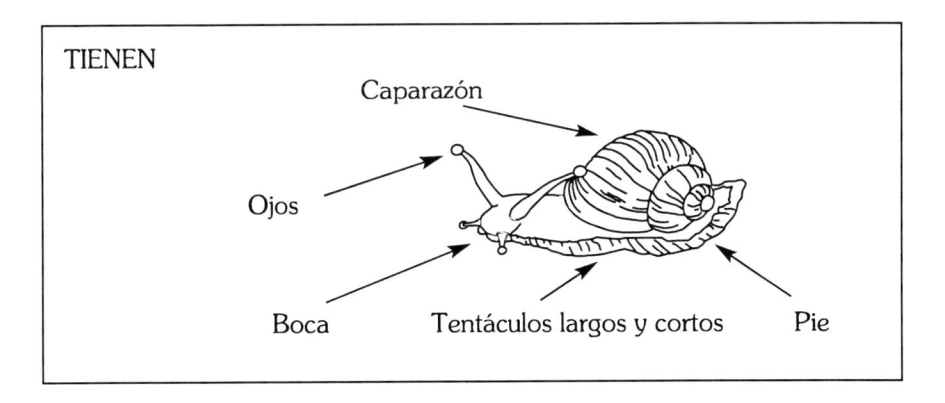

TIENEN

Caparazón

Ojos

Boca   Tentáculos largos y cortos   Pie

¿QUÉ COMEN?

Hierba, ensalada, azúcar, carne picada, harina, col, fresas... Excepto sal que los descontrola.

¿QUÉ HACEN?

Cuando andan desprenden un líquido que les ayuda a resbalar y así su pie puede ir más deprisa. Es la baba.

Cuando quieren o se asustan se meten dentro de su caparazón. Lo cierran mediante baba seca semejante a una puerta, pasados unos días puedes colocarlos en agua tibia y observar cómo lentamente van despertándose y circulan buscando comida. Es el mejor momento para observar todo lo que les gusta comer.

También se aletargan cuando hace frío.

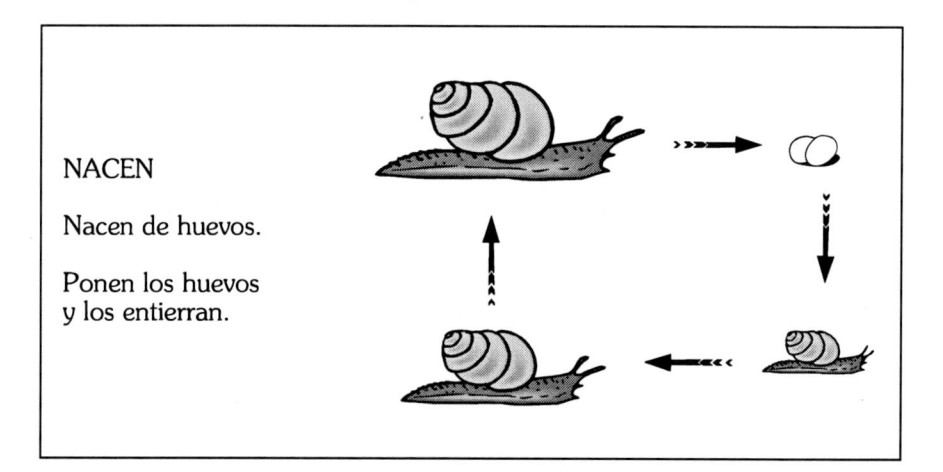

NACEN

Nacen de huevos.

Ponen los huevos y los entierran.

CLASES DE CARACOLES

De montaña
- «Bovers»
- De árbol
- Reinetas
- Africanos

De agua
- dulce → pecera
- salada → de mar

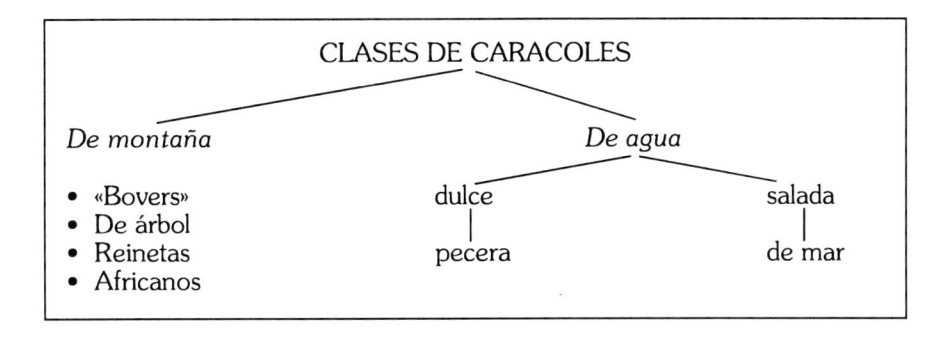

ADIVINANZAS, POESÍAS Y CANCIONES

¿Cuál es el animal que lleva su casa a la escuela?

Caracol

El caracol col
no gusta tomar el sol.
El caracol col
está fresquito bajo la col.

RECETA DE CARACOLES

Ingredientes:
- Caracoles.
- Tomate y cebolla.
- Chorizo, tocino y beicon.
- Ajo y perejil.

Preparación:
— Se hierven los caracoles en una olla.
— En una cazuela se hace el sofrito y se añaden la carne y los caracoles. Se condimenta al gusto con sal y pimienta.

COPIA:

A MÍ ME GUSTAN LOS CARACOLES

A mí me gustan los caracoles

A MÍ NO ME GUSTA COMER CARACOLES

(los alumnos escriben por qué no les gustan o lo explican verbalmente)

- Porque están salados.
- Porque dan asco.
- Porque «pobrecitos caracoles».

DIBUJO Y ESCRIBO:

CARACOL

Caracol

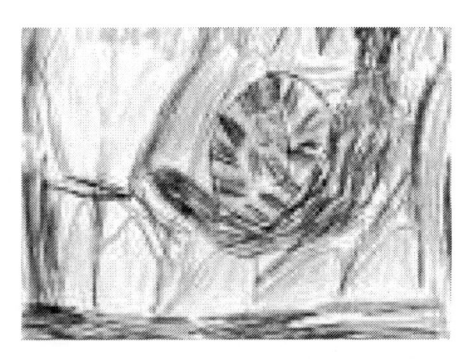

RECURSOS DE TRABAJO Y DE POSTEVALUACIÓN

LO QUE MÁS ME HA GUSTADO
(lo pueden escribir o verbalizar)

Los caracoles tienen antenas que son sus ojos y sus manos.
Andan sin patas... arrastrándose con un solo pie.
Los hay de mar y de tierra.

VALORACIÓN

LO QUE MÁS NOS HA SORPRENDIDO:

Además de la ensalada y las hojas verdes, les agrada mucho comer fresas, harina, carne fresca y miel.

Los tuvimos unos días en ayunas y vimos que hacían una capa en el caparazón, como una puerta. Un día los cogimos y los bañamos en agua templada, ¡oh, sorpresa! Se iban despertando e iban sacando sus cuernos, salieron con mucha hambre.

MAPA CONCEPTUAL FINAL
CARACOLES

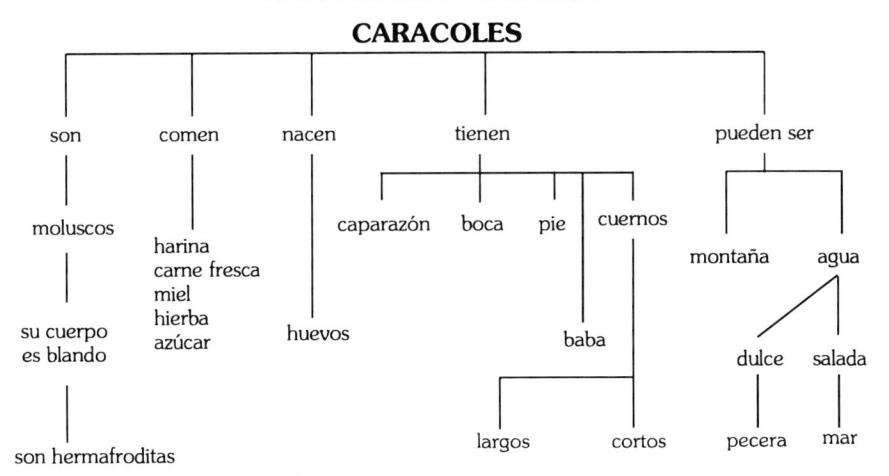

son	comen	nacen	tienen	pueden ser
moluscos	harina carne fresca miel hierba azúcar	caparazón boca pie cuernos		montaña agua
su cuerpo es blando		huevos	baba	dulce salada
son hermafroditas			largos cortos	pecera mar

© narcea, s.a. de ediciones

Ejemplo de Proyecto: LOS NÚMEROS

¿Qué sabemos de los números? Ordenando ideas escribimos todo lo que sabemos y elaboramos nuestro mapa inicial.

MAPA CONCEPTUAL INICIAL
LOS NÚMEROS

son	dónde están	cómo son	para qué sirven
garabatos señales	portales matrículas teléfonos relojes	grandes pequeños como dibujos	para contar comprar vender saber la hora el día de la semana

Objetivos

- Conocer el origen de los números que utilizamos.
- Reconocer el valor para facilitar el comercio.
- Valorar los números como juego de cálculo.
- Facilitar el orden en la vida social (asientos de aviones, autocares, butacas de teatro, paneles de aeropuertos, líneas de autobuses...).
- Favorecer la grafía correcta.
- Facilitar la interpretación de objetos que se utilizan en las actividades diarias: reloj, teléfono, ascensor, horno...
- Desvelar el cálculo mental y lógico.

Desarrollo. Pasos a seguir

1. ¿Qué son?
2. ¿De dónde salen?
3. ¿Dónde los encontramos?
4. ¿Para qué sirven?

RECURSOS DE TRABAJO Y DE POSTEVALUACIÓN

5. Necesidad de aprenderlos.
6. Rincones específicos de trabajo.

1. ¿QUÉ SON?

Sentados en círculo para hacer un buen coloquio, enseñamos una letra y un número, y preguntamos: ¿Sabéis qué es esto?
La mayoría distingue claramente las letras de los números. Nos centramos en los números: ¿Sabéis qué son?, ¿dónde los vemos?, ¿de dónde vinieron?
Observamos que hay unas preguntas que sabemos y otras que necesitamos investigar y trabajar para encontrar su respuesta.

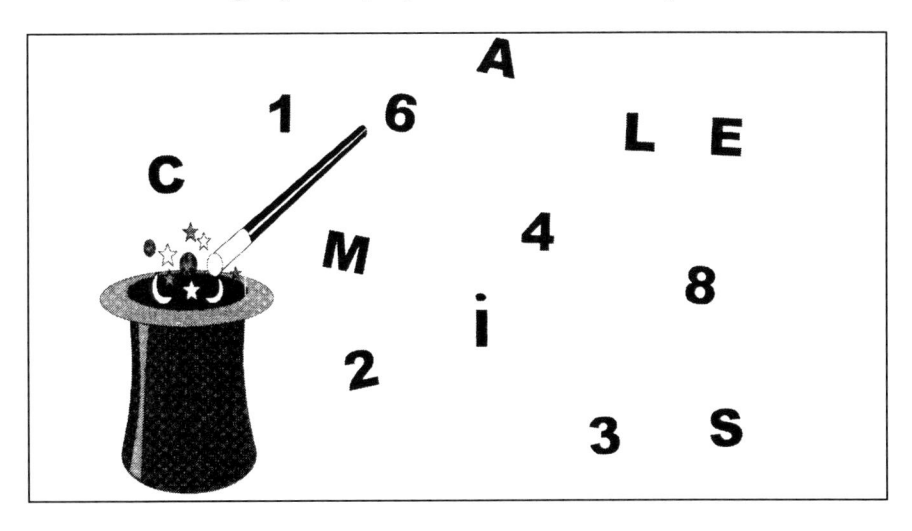

2. ¿DE DÓNDE SALEN?

Hace muchos años, aquí en nuestro país, habitaban los romanos, que contaban con algunas letras: I, II, V, X, L, D, M... esto era complicado ya que nunca sabíamos si servían para leer, escribir o contar.
En la India, los hindúes tenían un sistema propio de contar, con otros dibujos diferentes a las letras: los números. Los árabes que esta-

ban en contacto con ellos, hicieron diversos viajes, y en uno de ellos se establecieron en nuestro país; al darse cuenta de nuestro problema nos dieron la solución. Nos trajeron las cifras.

El mejor invento fue el «0» que llegó más tarde, y gracias a él podemos contar en bloques de 10.

Vale la pena recordar a los niños que las cifras son finitas pero su combinación infinita, de ahí que muchas veces se diga que los números son infinitos (no las cifras).

| 1 | 2 | 3 | 4 | 5 | 6 | 7 | 8 | 9 | 0 |

3. ¿DÓNDE LOS ENCONTRAMOS?

En una salida al entorno hacemos observación directa, registrando mediante fotos todo aquello que nos ha sorprendido y tomando nota de lo principal.

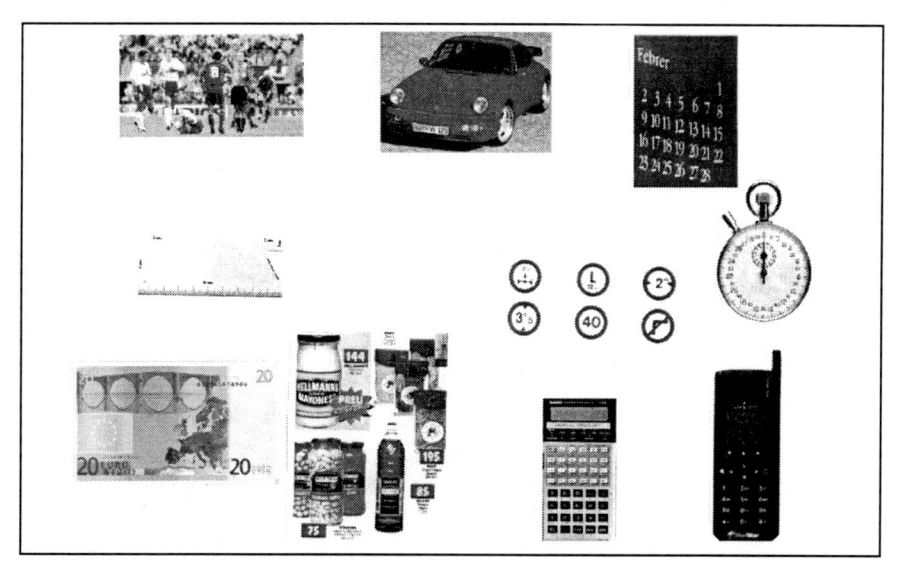

RECURSOS DE TRABAJO Y DE POSTEVALUACIÓN

Vemos números en las calles, en las matrículas de los coches, en los relojes, en los periódicos, en los buzones, etc.

4. ¿PARA QUÉ SIRVEN?

Con todo el material numérico de que disponemos procuraremos que perciban la utilidad de los números en los objetos que nos rodean. Les hacemos caer en la cuenta de qué objetos tenemos en nuestro entorno con números: reloj, teléfono, regla...

— El reloj
- ¿Cuántos números hay?
- ¿Su numeración es para todos igual? (comparación de diversos tipos de relojes: brazo, cocina, sobremesa...).
- ¿Cómo es que no hay el 0?
- ¿Dónde tendría que estar colocado? Antes del número...

— El teléfono
- ¿Cuántos números tiene?
- ¿Su numeración es para todos igual? (comparación de diversos tipos de teléfonos: sobremesa, analógico, digital, móvil, etc.).
- ¿Tienen los mismos números que el reloj?
- Comparando con el reloj: ¿cuál tiene más?, ¿cuáles le faltan?

— Una regla
   • ¿Cuántos números hay?
   • Comparación de diversos tipos de reglas: estuche, dibujo, pizarra...

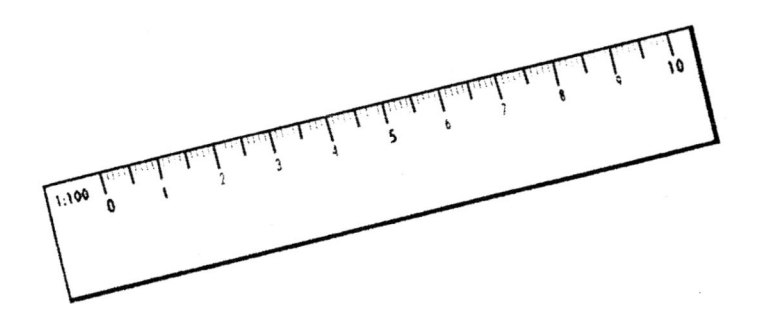

Después de trabajar nos preguntamos: ¿contamos siempre igual?, ¿por qué?
Haciendo comparaciones con todos aquellos objetos en los que encontramos números: calendarios, camisetas de jugadores de fútbol y de básquet, canales de televisión, etc., nuestra sorpresa fue grande al descubrir que en las casas, la ordenación no era seguida como en la regla, sino que iban de un lado a otro, pares e impares.

5. NECESIDAD DE APRENDER LOS NÚMEROS

Vemos claramente que los necesitamos para medir, saber la hora, contar, comprar, vender, saber la temperatura, etc. También necesitamos que estén ordenados:

RECURSOS DE TRABAJO Y DE POSTEVALUACIÓN

Ordenación completa	Ordenación de 2 en 2, de 5 en 5...	Sin ordenación (observable)

Calendario Teléfono Regla Reloj Páginas libro	Números calle Números de zapatos Tallas de prendas Calculadora Monedas y billetes	Límites de velocidad Números quiniela Jugadores fútbol Matrículas coche

Después de trabajar y crearles interrogantes y dudas, empezamos a buscar y encontrar respuestas aclaratorias. Nos damos cuenta de que en la ordenación completa siempre el orden de los números es el mismo: cada uno es igual al anterior más uno, pero en algunos casos los límites son diferentes:

— Calendario: 1-2-3... 29-30-31.
— Teléfono: 0-1-2-3-4-5-6-7-8-9.
— Regla: 0-1-2...20... 40 ...
— Reloj: 1-2-3-4-5-6-7-8-9-10-11-12.
— Página de libros: 1-2-3... 50... 100... 200...

Los números también nos sirven para contar, sumar, restar...

6. RINCONES ESPECÍFICOS PARA TRABAJAR LOS NÚMEROS

Trabajamos los números en estos rincones:

— Rincón de la Casita.
— Rincón de la tienda o Supermercado.
— Rincón del Hospital o del Médico.

Rincón de la Casita

Diferenciar donde hay más y menos alimentos. Contar utensilios, alimentos...	Contar alimentos. Preparar monedas. Pesar los ingredientes. Enumerar la lista de la compra.	Escribir la cantidad de ingredientes de una receta. Comprobar qué dinero se ha gastado y qué les queda.
P-3 (nivel A)	P-4 (nivel B)	P-5 (nivel C)

Rincón de la Tienda o Supermercado

Saber distinguir letras de números. Aprender a contar. Escribir los números conocidos. Trabajar el concepto de añadir y quitar.	Etiquetar precios. Utilizar la balanza. Medir a palmos, con la regla... Diferenciar el litro del ½ litro. Comparaciones de más y menos cantidad.	Contar el número de objetos que se compran. Precio de las compras. Diferenciar lo caro de lo barato. Uso del dinero. Preparar ofertas. Sumar las ganancias.
P-3 (nivel A)	P-4 (nivel B)	P-5 (nivel C)

Rincón del Hospital o del Médico

Preguntar la edad del paciente. Si hace de paciente, recordar su edad. Escribir la cantidad de medicamento.	Pedir hora y día de visita. Averiguar el peso del paciente. Cuántos días ha estado enfermo. Cuántos días debe tomar el medicamento.	Buscar el teléfono y llamar al médico. Conocer la temperatura. Averiguar cuánto pesa y mide el paciente. Dar hora para la próxima visita.
P-3 (nivel A)	P-4 (nivel B)	P-5 (nivel C)

RECURSOS DE TRABAJO Y DE POSTEVALUACIÓN

Dada la complejidad del estudio de los Números, debemos acompañarlo con ejercicios de:

— Asociaciones.
— Grafías.
— Asociación número-cantidad y viceversa.
— Pequeños problemas de razonamiento-lógico resueltos de formas distintas: gráfica, numérica, con ayuda visual de los dedos de la mano.

A continuación proponemos unos ejemplos.

— *Asociaciones:*

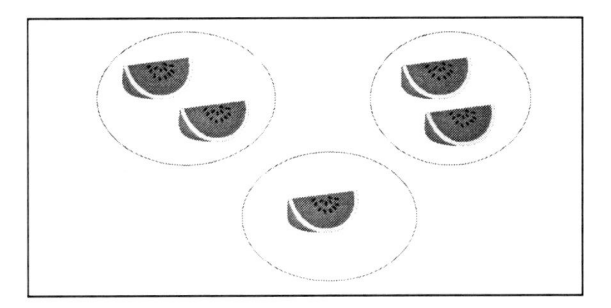

✓ Une los platos con las mismas tajadas de sandía.

— *Grafías:*

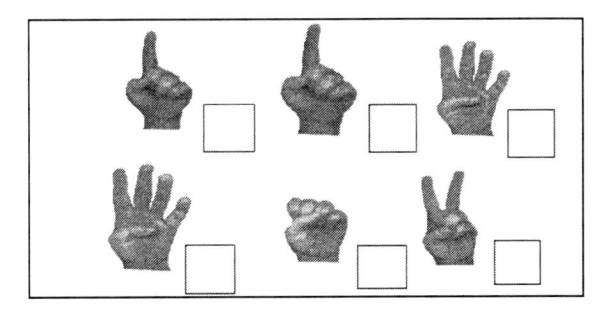

✓ Escribe los números de los dedos levantados en cada mano.

1 1 1	**1** ∘ ∘ ∘
2 2 2	**2** ∘ ∘ ∘
3 3 3	**3** ∘ ∘ ∘
4 4 4	**4** ∘ ∘ ∘
5 5 5	**5** ∘ ∘ ∘

✓ Continúa la serie y pinta las bolitas que indica el número

✓ ¿Qué día es hoy?

10, 9, 8, __, __, __, __, __, __, __, __

✓ Ayuda a salir el cohete...

RECURSOS DE TRABAJO Y DE POSTEVALUACIÓN

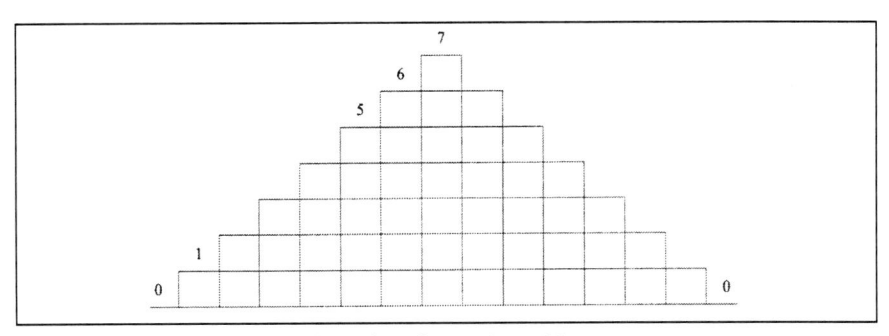

✓ Vamos a contar subiendo y bajando peldaños.

— *Razonamiento:*

El abuelo que ya es mayorcito, va despacio a atender el teléfono.
Que suena: rinnnnnggggg, rinnnnnggggg, rinnnnnggggg.

Y lo descuelga.

¿Cuántas veces ha sonado el teléfono?

Gran partido: España-Francia.

Empieza el juego y Francia marca 5 goles.

Después entra un delantero español y hace 2. Un poco más tarde otro hace 1 y un central, 3.

¿Quién es el campeón?

¿Por cuántos goles ha ganado?

Los enigmas matemáticos o problemas pueden resolverse de varias maneras. Ejemplo de enigma visual matemático (los alumnos han de saber deducir que se trata de un problema de restar; es importante que sepan explicarlo y elaborar oralmente un enunciado correcto).

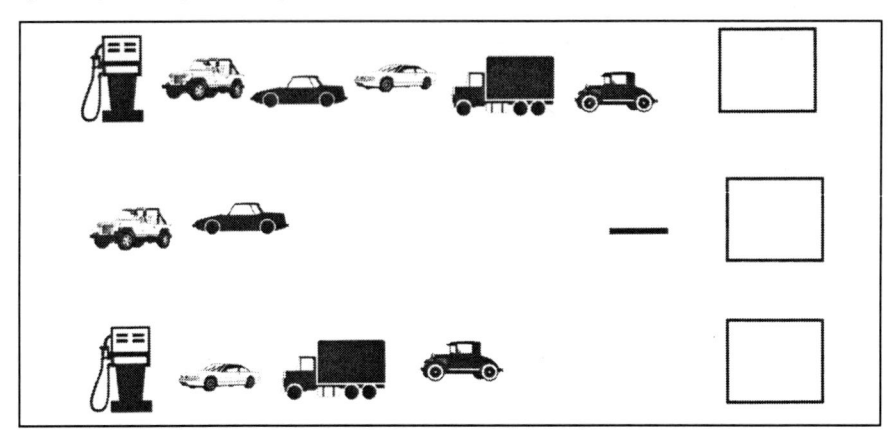

— *Lógica:*

- Un día de fuerte viento, un tren eléctrico que va de Madrid a Barcelona, pasa por Girona. ¿Hacia dónde va el humo de la máquina del tren, a Barcelona o a Madrid?

- ¿De qué color es el caballo blanco de Santiago?

- Hay 5 moscas sobre la mesa. Le doy a una con la pala matamoscas ¿Cuántas moscas vivas permanecen encima de la mesa?

— *Descomposición:*

Otra de las dificultades que es necesario trabajar, a fin de desarrollar la capacidad de abstracción, es la descomposición:

RECURSOS DE TRABAJO Y DE POSTEVALUACIÓN

Por ejemplo, el 4 con dedos de ambas manos: 4-0, 3-1, 2-2, 1-3, 0-4, para darse cuenta de que al descomponer, una estrategia consiste en que lo quitas de uno de los dedos de la mano y se lo das a la otra mano, pero siempre (en los números pares) hay un momento en que ambas manos tienen igual cantidad, cosa imposible en los números impares.

Otro de los ejercicios sería realizar una seriación regalando a cada número uno más, como por ejemplo:

				*
			*	*
		*	*	*
	*	*	*	*
*	*	*	*	*
1	2	3	4	5

Cuenta y pon el número correspondiente a cada columna.

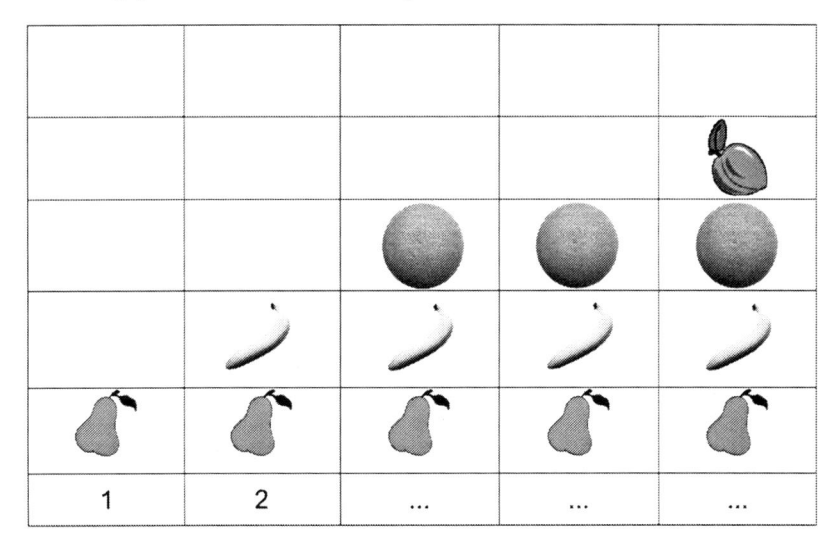

| 1 | 2 | ... | ... | ... |

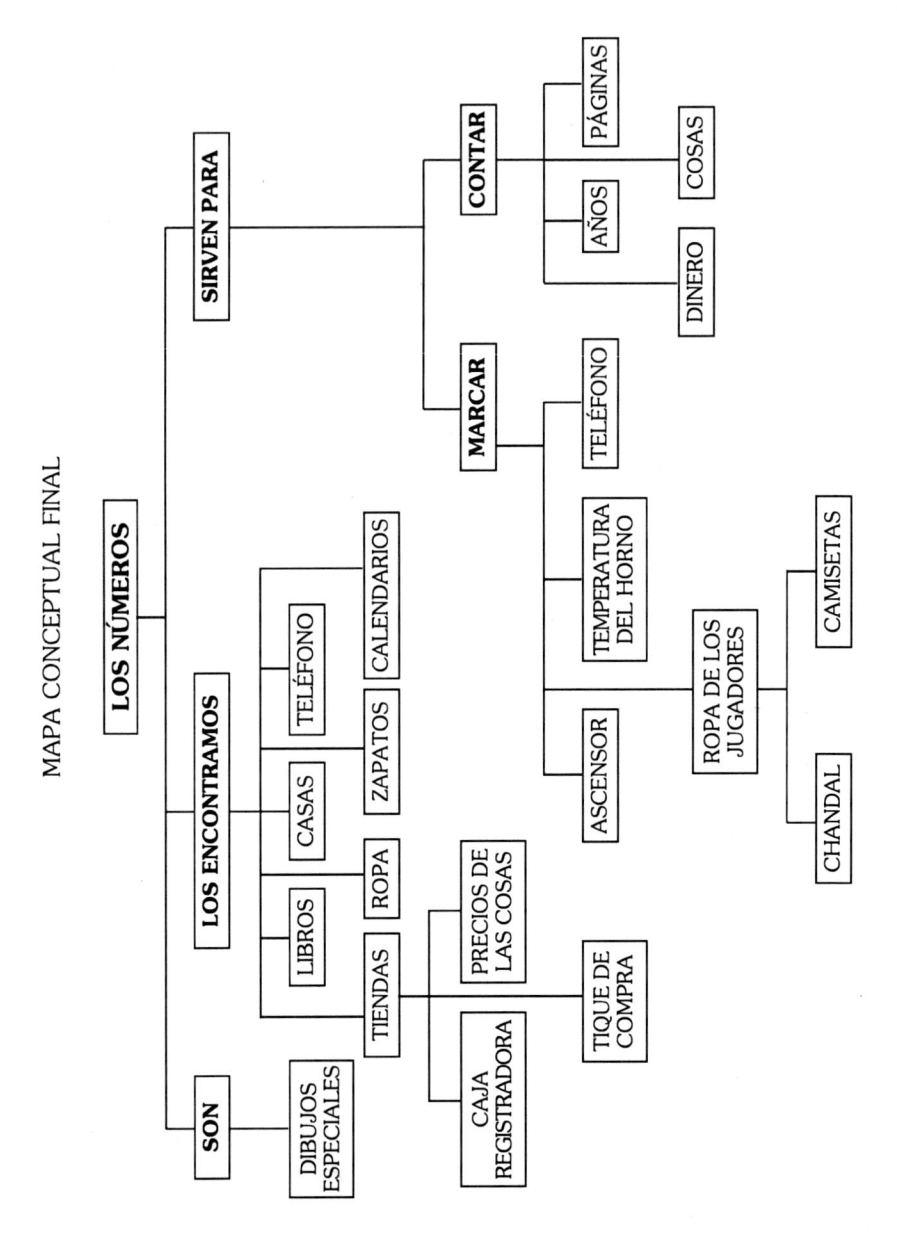

EVALUACIÓN Y POSTEVALUACIÓN EN EDUCACIÓN INFANTIL

MAPA CONCEPTUAL FINAL

LOS NÚMEROS

- **SON**
  - DIBUJOS ESPECIALES

- **LOS ENCONTRAMOS**
  - LIBROS
  - ROPA
  - TIENDAS
    - CAJA REGISTRADORA
    - PRECIOS DE LAS COSAS
    - TIQUE DE COMPRA
  - CASAS
  - ZAPATOS
  - TELÉFONO
  - CALENDARIOS

- **SIRVEN PARA**
  - **MARCAR**
    - TELÉFONO
    - TEMPERATURA DEL HORNO
    - ASCENSOR
    - ROPA DE LOS JUGADORES
      - CAMISETAS
      - CHANDAL
  - **CONTAR**
    - PÁGINAS
    - AÑOS
    - COSAS
    - DINERO

Las nuevas TIC. Cómo las aplicamos en la escuela infantil

Comunicar es la capacidad de comprender y expresar lo que llevamos dentro. A la escuela corresponde abrir todos los caminos posibles para que esto se lleve a buen término de una manera eficaz y práctica.

La escuela ha de vivir conectada a la sociedad estando a la vanguardia de todos los cambios sociales que afecten a sus alumnos. Ha de favorecer una cultura de trabajo adecuada a los nuevos tiempos. En consecuencia, ha de valorar y reflexionar constantemente sobre los alumnos que quiere formar, ciñéndose y dándoles los instrumentos necesarios para poder intervenir en el mundo que les ha tocado vivir.

La sociedad actual está en constante cambio: es multicultural y pluralista, lo que sumado al inmenso avance tecnológico de nuestros días, nos da como resultado un gran desarrollo cultural.

El maestro, a fin de ser más eficiente en su tarea pedagógica, debe confiar en las posibilidades del alumno y saber estimular sus capacidades.

Las nuevas TIC (Tecnologías de Información y Comunicación) nos han propiciado un cambio total en nuestra manera de pensar, hacer, actuar y evaluar.

Pedagogía y sociedad han recorrido un largo y variado trayecto que ha ido desde las primeras tizas, pasando por la máquina de escribir, calculadora, televisión, vídeo, hasta la gran revolución tecnológica del ordenador, lápiz óptico, Internet, móviles, DVD, pizarra digital, cámara digital, etc., donde las NTIC (Nuevas Tecnologías de Información y Comunicación), redes informáticas y mundo virtual marcan una cultura en la cual convivimos. Ésta nos incide a ser «partícipes» de una información desmesurada, que ya no sólo llega estudiando, ojeando e interpretando libros, sino apretando una tecla.

Formados en una cultura fundamentalmente tradicional (libros, comunicación oral-presencial-física), en la cual el maestro era el principal transmisor de información, hemos pasado de golpe a una situación comprometida cuando nos situamos delante de los medios audiovisuales y las telecomunicaciones.

La escuela siempre se ha hecho eco de todo ello, por ser un estímulo y un camino para los niños que pasan por ella, procurando no quedarse detrás de la vida, desfasada, vacía y sin valor, es decir, dejando de ser guardiana de un pasado, para ser el primer motor de transformación social que ande con los tiempos presentes y pueda viajar hacia un futuro.

Hay que alternar los medios útiles de cada centro: tizas, lápices, ceras, plastilina, fotos, cuentos, libros, etc. con las nuevas TIC, a fin de recuperar la sintonía con la cultura actual, que nadie puede ignorar y menos marginar.

Si en la escuela hemos incorporado, desde hace tiempo, los Rincones, Proyectos y Talleres con la finalidad de garantizar un quehacer fresco, imaginativo, que no se deje envolver por las rutinas del día a día y que el niño lo perciba, lo goce y lo encuentre como una innovación necesaria y útil, portadora de mil respuestas a sus preguntas, ¿por qué no introducir un rincón de las NTIC que sea un lugar donde se motive a la infancia y se trate la educación con otros ojos, dónde con sus manos abran esta puerta y se inicien en esta aventura de la información, exploren sus posibilidades cognitivas y expresivas, y las utilicen de manera creativa, libre y enriquecedora?

Este nuevo cambio nos ayudará a encontrar la necesidad de *saber, buscar, escoger* y *seleccionar* dentro del amplio abanico de información, para introducir al niño en el mundo de las NTIC.

Conviene tener en cuenta algunas observaciones:

1. La forma de enseñar no ha de ser inflexible, rígida, marcada y rigurosa... sino que ha de dejarse guiar por la realidad en que se encuentra el niño (sus intereses, inquietudes, emociones...).
2. Son instrumentos deseados por el niño.
3. Amplían notablemente su léxico verbal.
4. Su utilización permite aprender al ritmo del alumno, trabajar cooperativamente con otros compañeros, potenciar y controlar sus propios movimientos y adquirir una sensación satisfactoria al poder interactuar con las máquinas.
5. La aventura informática amplía las posibilidades imaginativas y creativas.
6. Actúan y combinan experiencias según sus propios intereses.
7. Generan motivación por el éxito en sus tareas.

Es necesario que los alumnos estén educados para hacer un buen uso de la informática y las nuevas TIC, de lo contrario todo este progreso quedará reducido a los mismos métodos mecánicos, pero con otros instrumentos. De ahí que se aconseje trabajarlos desde edades muy tempranas.

Aplicación de las NTIC en la Educación Infantil: Informática

Los constantes cambios tecnológicos que vive la sociedad actual han hecho que la escuela considere la necesidad de introducir la informática desde el inicio de la escolaridad, es decir, a los tres años.

A menudo se nos ha planteado el dilema: ¿Deshumaniza la informática, las nuevas tecnologías en general? Creemos que, como todo, en su punto justo, no. La escuela debe intentar enseñar la informática como una estrategia más de aprendizaje, para poder ampliar nuestros campos de conocimiento, para agilizar el hecho de encontrar una información determinada, como refuerzo y ampliación de los aprendizajes realizados dentro del aula.

Por este motivo, es positivo que los alumnos de Educación Infantil hagan distintas actividades que les lleven a adquirir unas destrezas en la utilización del ordenador (ratón), una coordinación óculo-manual al realizar cualquiera de las actividades que más adelante vamos a detallar, familiarizarse con el ordenador y con las nuevas tecnologías en general para poder hacer más adelante un uso crítico y racional.

Cuando en la escuela se dispone de un aula multimedia con varios ordenadores, los alumnos de Educación Infantil pueden acudir a ella. Nuestro quehacer consiste en agrupar a los alumnos de dos en dos, para compartir un ritmo de trabajo y el conocimiento del manejo del ordenador.

Organización de las sesiones informáticas

En las sesiones de informática podemos encontrar distintas variedades; el maestro expone un mismo trabajo para todos los alumnos, propone tareas según los equipos o deja escoger libremente.

Deben trabajar en silencio y si tienen dudas preguntar. Hay alumnos que requieren constantemente su presencia, otros por el contrario no acuden nunca, ni aún cuando no saben lo que deben hacer. Nuestra tarea es ir ofreciendo a cada equipo la ayuda que necesite, sin adelantar la solución; los alumnos deben intentar encontrarla solos, se pueden hacer sugerencias o dar pequeños trucos de ayuda. Algunos alumnos requerirán que les demos apoyo o de otra manera no harán nada.

Normalmente, el trabajo realizado en el aula de informática sirve de ayuda para reforzar distintos aspectos trabajados en la clase.

En el aula multimedia, iniciada la fase de contacto con el teclado y el ratón, aprenden individualmente o en parejas trabajando cooperativamente.

A continuación comentamos brevemente las posibilidades de algunos programas que nos han parecido especialmente interesantes y con los cuales hemos trabajado con buenos resultados, como por ejemplo:

— Portales educativos: «Educalia», «Edu365» y «Centro Nacional de Informática y Comunicación Educativa».
— Actividades CLIC.

«Educalia» es un extraordinario portal con tecnología «Shockwave» de Macromedia. Puede utilizarse en castellano, catalán e inglés. Hay secciones fijas:

— Comunidad virtual.

— Juegos. «Los 3 cerditos» (ver cuento, jugar o ambas opciones); «Juego del cuerpo humano» muy instructivo y con dos niveles de dificultad; «El juego del museo de la ciencia» (con una sencilla ayuda dispone de varios juegos con muchos recursos, en especial si trabajamos con el sistema de proyectos).

— Actividades.

— Revista.

— Servicios.

Otras secciones variables:

— Verano (según la estación del año).

— La magia de las palabras.

— Hoy.

— Aula de salud.

Es muy interesante participar en «la comunidad virtual»; además, es gratis. Cada navegante puede darse de alta, recibe un nombre de usuario y una contraseña de acceso y puede participar de las diversas actividades propuestas en el portal.

Hay muchísimas posibilidades, pero lo mejor es ir descubriéndolas poco a poco y contactar con otras escuelas para intercambiar propuestas de trabajo educativo. A manera de ejemplo, incluimos a continuación la página de inicio de dos actividades: «El agua» y «Cómo se hace un cuento». Ambas tienen diversos niveles, muy interesantes para los diferentes alumnos, de acuerdo con sus habilidades y posibilidades.

En el apartado de «Instrumentos» incluso existe la posibilidad de confeccionar una sencilla página web con recursos muy elementales al alcance de cualquier edad.

No olvidemos las diversas propuestas bajo el lema «Juegos» que son más de treinta actividades de la factoría «ORISINAL»: http://www.ferryhalim.com/orisinal/

EVALUACIÓN Y POSTEVALUACIÓN EN EDUCACIÓN INFANTIL

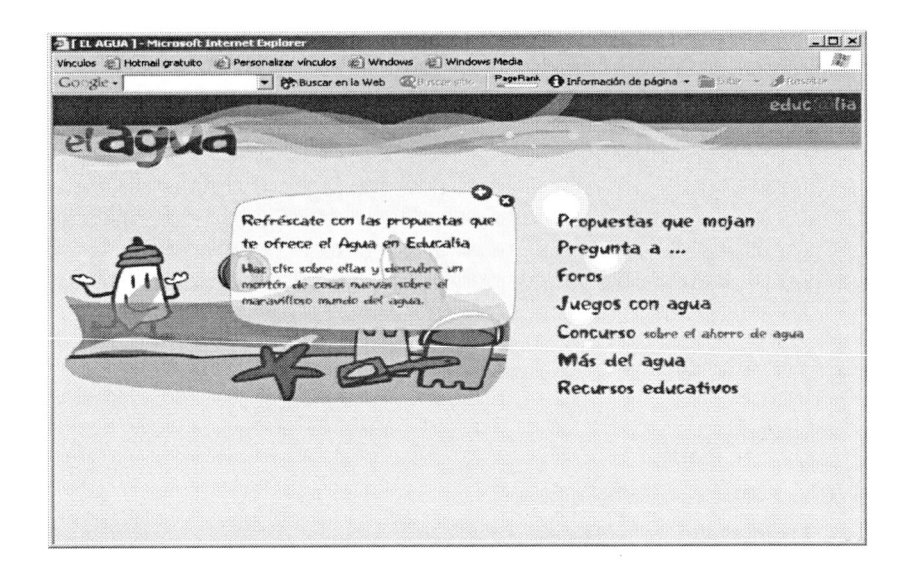

Relacionado con el portal escolar «EDU365», el anterior portal educativo «XTEC» tiene muchos recursos, en especial: «El rincón del clic». La localización en la red es:
http://www.xtec.es/recursos/clic/esp/index.html

El «Clic» es una aplicación para el desarrollo de actividades educativas multimedia en el entorno Windows que nos permite crear distintos tipos de actividades: rompecabezas, asociaciones, sopas de letras, crucigramas, actividades de identificación, de exploración, de respuesta escrita, etc.

Las actividades pueden contener texto, gráficos, sonidos y otros recursos multimedia. También es posible encadenar grupos de actividades en paquetes para que se realicen secuencialmente y el profesor organice su propia sesión de trabajo orientada a sus alumnos.

Otra posibilidad es reunir las diferentes actividades propias de un proyecto en el aula y a lo largo del trabajo elaborar actividades hasta constituir un «paquete resumen», que después nos servirá de control-evaluación. Es un magnífico trabajo en equipo de todos los elementos de la comunidad educativa.

Sería inacabable comentar las diferentes posibilidades que presentan las TIC para la Educación Infantil. Resaltamos estas diez para los centros educativos:

1. Iniciación a los recursos multimedia [1].
2. Iniciación al programa gráfico tipo «Kid Pix» y «Paint».
3. Actividades CD educativos.
4. Búsqueda y consulta de información en formato Web.
5. Manejo del correo electrónico.
6. Comunicación tipo «Microsoft Netmeeting».
7. Listas de distribución y grupos de noticias.
8. Iniciación a las presentaciones «Microsoft PowerPoint».
9. Iniciación a páginas Web (educalia.org).
10. Ejercicios sencillos de Web Quest.

---

[1] El término Multimedia en el mundo de la computación es la forma de presentar información que emplea una combinación de texto, sonido, imágenes, vídeo y animación.

Existen otros muchos portales educativos interesantes para trabajar con la infancia pero por cuestiones de espacio no los hemos tratado en esta publicación. Se puede consultar en http://www.cnice.mecd.es/recursos/infantil/index.html

Para concluir con el tema de las TIC, podemos señalar que en tiempos anteriores distinguíamos dos entornos perfectamente diferenciados: entorno natural y urbano. Ahora existe un tercer entorno, TIC, con telemática y multimedia, y ese nuevo reto nos ha de estimular a ser creativos y prudentes a la vez, para incorporarlo adecuadamente a la tarea educativa.

Evaluación

Mediante la observación y las anotaciones personales se puede apreciar la evolución de cada alumno y sus progresos. Su evaluación será continua viendo su resultado global a final de etapa.

Una vez evaluada la clase podemos distinguir unos grupos de nivel:

- Alumnos que consolidan aprendizajes mínimos, nivel A.
- Alumnos que tienen alguna laguna de aprendizaje, nivel B.
- Alumnos que pueden ya experimentar libre y autónomamente, nivel C.

Mediante la postevaluación intentaremos dar nuevas oportunidades y procedimientos para que cada alumno vaya progresando a su ritmo y pueda conseguir los objetivos mínimos.

Tabla registro de las actitudes en informática

Presentamos un cuadro de registro, de doble entrada, para poder plasmar aquellos aspectos actitudinales que consideramos más importantes en el área informática.

RECURSOS DE TRABAJO Y DE POSTEVALUACIÓN

TABLA REGISTRO DE ACTITUDES EN INFORMÁTICA

	ALUMNOS	JUAN	ANA	LUIS	MARTA	SARA
A C T I T U D E S	Trabaja autónomamente					
	No sabe lo que tiene que hacer					
	Necesita al adulto					
	Actúa por ensayo/ error					
	Se sorprende de sus logros					
	Está motivado					
	Está satisfecho de su trabajo					
	El grado de concentración se mantiene durante la sesión					
	Se cansa enseguida					
	Comenta lo que hará con su compañero					
	Trabajan a partes iguales los miembros del equipo					
	Siempre quiere ser protagonista					
	Nunca toma la iniciativa, se deja llevar					
	Dice constantemente lo que tiene que hacer a su compañero					
	Se pelea a menudo					
	Pide ayuda a la maestra					
	Reclama la ayuda de la maestra aún cuando lo sabe hacer solo					
	Se levanta y juega, va al baño...					

© narcea, s.a. de ediciones

Recursos de Aula

Presentamos dos tipos de recursos muy utilizados en Educación Infantil: la Asamblea y los Agrupamientos. La Asamblea es útil para decidir los Proyectos, valorar los Rincones y establecer el diálogo a fin de mejorar las actitudes en el aula y en el patio. La asamblea y los agrupamientos contribuyen a la cohesión de la clase y a la integración de los alumnos con distintas capacidades, favoreciendo la atención a la diversidad.

La Asamblea

En su origen histórico, la asamblea es un encuentro entre iguales para tomar iniciativas conjuntas en provecho de todos. Es decir, una reunión en la que nadie es superior y en la que, en lugar de oponentes, estamos entre iguales que opinan y deciden de manera conjunta.

El origen primero del concepto es el de lugar (físico o ético) en el que el diálogo es superior a la confrontación y el consenso más importante que la victoria. La regla primera es asumir el compromiso de avanzar a un tiempo gracias a la conciencia de compartir intereses y objetivos.

En el traslado de la asamblea al territorio del parvulario es preciso que tengamos en cuenta los principios básicos. La asamblea como instrumento de aprendizaje, donde ejercitaremos el autocontrol, y donde el respeto, el silencio y la palabra en los momentos adecuados, la colaboración mutua y la justicia serán elementos clave para dotarla de contenidos pedagógicos.

La asamblea en infantil ha tenido que superar un reparo inicial: «Los alumnos son, a esta edad, demasiado pequeños para acceder a un tipo de comunicación como la que proponemos». La experiencia nos ha mostrado la falsedad de la premisa. Al adaptar el concepto de asamblea en el parvulario hemos pasado por un período de ajustes que nos han ayudado a entender el provecho de la iniciativa y la «factibilidad» de la idea.

Un factor clave consiste en determinar el momento en que debe celebrarse la asamblea. Debe rodearse de un halo singularmente trascendente (es decir, no podemos abordarla como un simple recurso), pero al mismo tiempo hemos de ubicarla en un entorno amable, a una hora en que la tensión de la semana ya decaiga (los viernes por la tarde, por ejemplo), de esta manera conseguimos que la placidez del momento predisponga a la importancia social comunicativa que perseguimos.

La educación en valores que debe informar el ideario de una escuela y de la cual, a su vez, dimanan la práctica totalidad de iniciativas escolares, se ejercita de manera casi —nos atrevemos a decir— «oficial» (en cuanto propuesta declarada y recurrente) en la asamblea. Así pues, en su propia esencia y en las consecuencias que se derivan de la misma y de la práctica semanal del concepto, la asamblea —como elogio y ejercitación de la democracia— es el espacio idóneo para enfocar la educación, en este caso de manera colectiva, hacia los valores antes referenciados.

En la clase, cuando damos inicio a la sesión, tenemos dos sobres: «*yo opino*» y «*yo critico*». La mecánica de la asamblea consiste en que los alumnos escriben su percepción de la realidad más inmediata (clase, ciclo, centro...) y la introducen en uno de los dos sobres. Les advertimos, antes, que *opinar y criticar* tienen el significado de *felicitar y ayudar*. Es decir, enfocamos la asamblea desde la colaboración en positivo. No se trata de acusar o de indicar fallos porque sí. El objetivo es constatar los progresos y evitar —con la verbalización— hipotéticas conductas negativas.

El hecho de empezar por un «*yo*» tan significativo se nos ha mostrado altamente interesante, porque de esta manera el individuo toma conciencia de su participación. Es uno solo (este «yo») quien interviene, quien recoge y asume la responsabilidad. Y, al mismo tiempo, se trata de un «yo» compartido, direccionado al grupo, no un comentario en abstracto o en el anonimato, sino una asunción personal del papel que cada uno de los «asamblearios» debe representar para que la «asamblea» funcione como tal.

Cada una de las propuestas o sugerencias de los comentarios de los alumnos, pasa necesariamente por el tamiz de la maestra o maestro, así las aportaciones de los alumnos trascienden de la simple anécdota y se convierten (o al menos ésa es la intención) en categoría relacionada siempre con los valores. Los propios alumnos, por turnos, actúan como secretarios de la reunión. «Levantan» acta dejando constancia de sus intervenciones para reforzar la sensación de una asamblea conjunta, construida entre todos.

EJEMPLO DE ASAMBLEA

Objetivos

— Verbalizar lo que preocupa.
— Manifestar opiniones.
— Desvelar la crítica razonada y constructiva.
— Tomar acuerdos.

Organización

— Se elige un secretario que tomará los acuerdos.
— Se nombra al conductor que abre la Asamblea, da paso al turno de palabra y cierra la Asamblea.

Desarrollo

— Reunidos todos, se inicia la Asamblea pidiendo que manifiesten lo que ha ocurrido en el patio, uno a uno y con orden.
— Surgen las siguientes manifestaciones:
  • Javi hace daño y pega.
  • Algunos pegan con las palas y rastrillos y no llenan los cubos de arena.
  • Hay poca arena para jugar.
  • No hay espejos en los lavabos.
  • Una niña ha tirado su bocadillo a la papelera.
  • Algunos niños cogen las cuerdas de saltar y no dejan jugar.

Conclusiones

— Todos sabemos que las manos sirven para escribir, comer, vestirse, trabajar, lavarnos, acariciar..., pero jamás para hacer daño, molestar y pegar.
— Las palas y los rastrillos sirven para jugar y no para hacer daño y pegar.
— La arena es para el arenal, si está fuera resbalamos, nos caemos y nos hacemos daño.
— Estaría bien poner espejos en los lavabos para vernos la cara.
— La comida no se tira, se devuelve a casa. Hay niños que no tienen nada para comer.
— Los niños pueden pedir cuerdas para jugar sin molestar a las niñas.

Acuerdos

— Último aviso para Javier. Si vuelve a pegar pierde puntos o estrellitas para su carnet.
— Dos días sin ir a jugar al arenal.
— Los del rincón de correos harán una carta al Sr. Director pidiendo más arena y un espejo para los lavabos.
— Buscarán entre todos razones para no tirar la comida: repartirla entre los compañeros, comerla porque la mamá así lo ha dispuesto, devolverla a casa y dejarla para merendar.
— Antes de salir al patio cada cual llevará las pelotas, cuerdas o coches con los que desee jugar. También podrá cambiar la cuerda por pelotas o al revés.

El secretario, que ha tomado nota de todo, levanta la sesión. Al día siguiente se expondrán los acuerdos en el tablero.

Temporalización

Las asambleas se hacen una vez por semana y cuando las circunstancias lo exigen.

Los Agrupamientos

Los Agrupamientos dentro del aula, y en la etapa de la educación infantil, facilitan el logro de los siguientes objetivos:

— *Socializar* mediante la multiplicidad de relaciones y actividades en grupos varios y flexibles.
— *Cohesionar* a fin de que las aulas no sean pequeñas islas dentro de la escuela, sino que formen un todo en sus actividades y objetivos.
— *Favorecer la atención individualizada* para que cada uno (a través de Rincones y Proyectos) tenga la posibilidad de avanzar, recuperar y asimilar según sus capacidades e intereses recibiendo la atención especial del tutor.
— *Interaccionar* potenciando la posibilidad de aprender unos de otros independientemente de la edad y de sus capacidades. Así cada uno podrá desempeñar un rol de aprendizaje distinto en función del agrupamiento, del proyecto, del rincón o de la actividad. En unas ocasiones será el experto, que muestra a los demás sus aprendizajes, en otras será el aprendiz y en otras estarán más o menos todos al mismo nivel.
— *Cooperar* con todos aprovechando la riqueza de los distintos grupos y edades para abrir el aula en todas sus dimensiones físicas y humanas.

Estos objetivos no pueden lograrse si no hay una organización bien planteada en cuanto a la programación, realización, evaluación y postevaluación de todas las actividades. Exige en definitiva un buen trabajo en equipo.

Los agrupamientos, por definición, son siempre diversos, pero podemos realizarlos procurando acortar en lo posible las diferencias o al revés, utilizar estas diferencias como criterio de agrupación; en el primer supuesto formamos grupos homogéneos y en el segundo heterogéneos.

La formación de grupos de una u otra clase depende de varios factores, los alumnos, el objetivo, la necesidad, el espacio, el tiempo..., o la actividad. Este último factor es determinante porque los grupos ho-

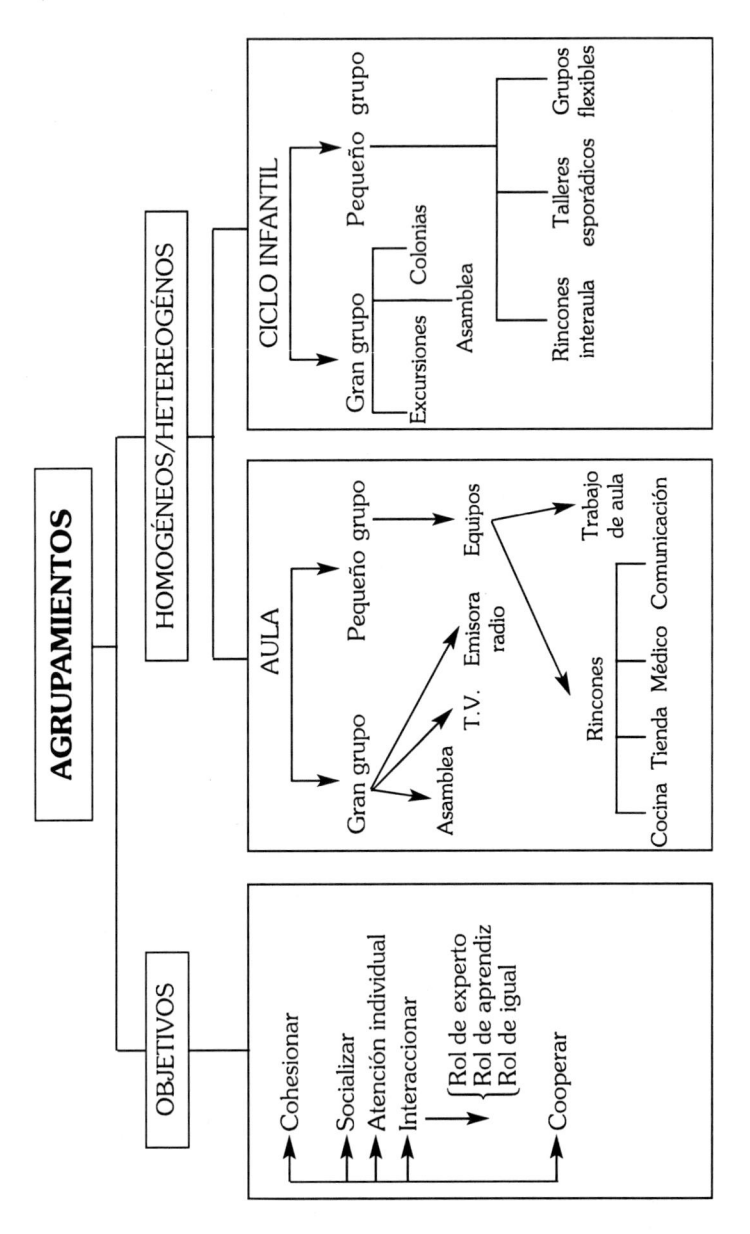

AGRUPAMIENTOS

OBJETIVOS
- → Cohesionar
- → Socializar
- → Atención individual
- → Interaccionar → { Rol de experto / Rol de aprendiz / Rol de igual }
- → Cooperar

HOMOGÉNEOS/HETEROGÉNEOS

AULA
- Gran grupo → Asamblea, T.V., Emisora radio
- Pequeño grupo → Equipos → Trabajo de aula
- Rincones: Cocina, Tienda, Médico, Comunicación

CICLO INFANTIL
- Gran grupo → Excursiones, Colonias, Asamblea
- Pequeño grupo → Rincones interaula, Talleres esporádicos, Grupos flexibles

mogéneos permiten realizar actividades de carácter instrumental como lectoescritura o matemáticas, del mismo modo que ocurre en los grupos flexibles en los que la agrupación se realiza no cronológicamente sino en función de su nivel madurativo, permitiendo que cada uno avance según sus posibilidades y sea protagonista de su propio aprendizaje sin bloquearse o estacionarse.

Los grupos heterogéneos nos permiten trabajar cooperativamente y potenciar la interacción, ofreciendo la posibilidad de que cada cual aprenda y enseñe a la vez. Los rincones interaula son agrupaciones heterogéneas.

Estas agrupaciones son estables pero no inamovibles porque han de adaptarse a los conocimientos previos, a las capacidades individuales y a los objetivos programados.

5. Evaluación y postevaluación de Contenidos:

La figura humana, el lenguaje Matemático y el lenguaje Verbal

EVALUACIÓN DEL ESQUEMA CORPORAL, LA FIGURA HUMANA

Entendemos por esquema corporal la experiencia que tiene cada persona de su cuerpo: animado, estático, en equilibrio espacio-temporal y en sus relaciones con el entorno. La integración de su cuerpo en la conciencia de cada uno, es la experiencia fundamental por la que la persona se diferencia de las demás y tiene sentimiento de ser ella misma y no otra.

Esta imagen del propio cuerpo necesaria para la vida normal sólo se elabora progresivamente partiendo de impresiones sensoriales múltiples propioceptivas y exteroceptivas acumuladas desde la infancia.

De ahí partimos para evaluar y potenciar el esquema corporal de nuestros niños y niñas. Sabemos que éstos nos llegan ya con unas experiencias y sentimientos hacia su propio cuerpo. Debemos conocer y valorar el nivel de conciencia de su esquema corporal.

En una primera aproximación podemos observar:

- Nivel A, inicialmente dibujan la cabeza con ojos y boca, añadiendo más tarde brazos y pies.
- Nivel B, la figura humana con algunos detalles.
- Nivel C, cuando existen todo tipo de detalles, incluso hay perfil o movimiento, y cuando la figura humana está al completo.

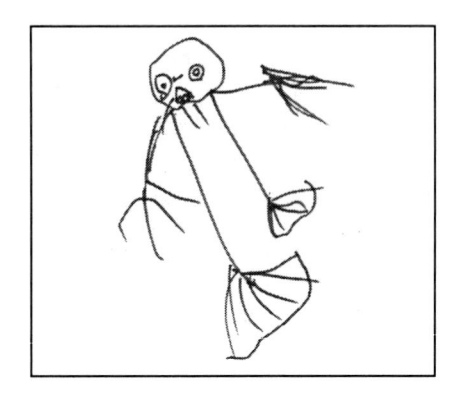

Dibujo alumno P5, nivel A    *Dibujo alumno P5, nivel B*

Presentamos diversas muestras de dibujos de niños de P-5, nivel C (escogiendo los mejores).

EVALUACIÓN Y POSTEVALUACIÓN DE CONTENIDOS

REGISTRO DE VALORACIÓN: DIBUJO DE LA FIGURA HUMANA

Fecha de exploración: _____ Curso: _____

	cabeza	cabello	ojos	cejas	nariz	boca	dientes	orejas	cuello	tronco	brazos-manos	colocación brazos	piernas-pies	colocación piernas	detalles en el vestido	observaciones
Alumno 1																
A2																
A3																
A4																
A5																
A6																
A7																
A8																
A9																
A10																
A11																
A12																
A13																
A14																
A15																
A16																
A17																
A18																
A19																
A20																
A21																
A22																
A23																
A24																
A25																

© narcea, s.a. de ediciones

Para ello, hemos recogido varios dibujos de la figura humana y los hemos evaluado teniendo en cuenta los puntos que otorgamos a cada ítem, adaptación del «dibujo de un niño/a», de la Escala McCarthy de Aptitudes y Psicomotricidad para niños.

Valoración:

- 2 puntos si el ítem es correcto, ojos con detalles, brazos y piernas con doble línea.
- 1 punto si está la parte del cuerpo pero de forma muy simple, un puntito por ojo, una raya por boca.
- 0 puntos cuando no existe o es irreconocible.
- En total, el nivel máximo a alcanzar sería de 30 puntos.
- Con 15 puntos se considera que los niños tienen conocimiento de su cuerpo.

A modo de ejemplo valoramos el dibujo de la página 166, que hemos señalado con un círculo:

Cabeza	2	Cuello	2
Cabello	2	Tronco	2
Ojos	2	Brazos, manos	2
Cejas	—	Colocación de brazos	2
Nariz	2	Piernas, pies	2
Boca	2	Colocación de piernas	2
Dientes	—	Detalles vestido	2
Orejas	—	**TOTAL**	**24**

EVALUACIÓN Y POSTEVALUACIÓN DE CONTENIDOS

Después de la evaluación del dibujo de la figura humana en el grupo-clase, vemos que hay alumnos que tienen muy claro el esquema mientras que otros presentan muchas dificultades. En la ficha *Registro de Valoración: Dibujo de la Figura Humana,* pueden anotarse los resultados.

Propuesta de otras actividades

A continuación, proponemos una serie de actividades, que han de servir para ayudar a los que tienen mayor dificultad a la hora de dibujar la figura humana, y también para que siga mejorando el grupo más aventajado.

- *Juego de atención.* La profesora dibujará un niño en la pizarra e irán comentando las partes del cuerpo. Saldrá un alumno fuera del aula y decidiremos entre todos borrar una parte del cuerpo (si es un niño con dificultades, borraremos partes muy elementales: cabeza, brazo... y si es aventajado, borraremos las cejas, pestañas, dedos...). Luego entrará el niño y tendrá que adivinar la parte del cuerpo que falta. Pueden hacerse variantes: dibujar sólo la cara, que sean los propios alumnos quienes hagan el dibujo y lo borren, etc.
- *Poner un papel de embalar en el suelo.* Un niño se tiende sobre el papel y el otro dibuja su silueta. Entre el pequeño grupo se completa con los detalles: ojos, nariz, vestido... y se pinta.
- *Dar modelos,* dibujos de otros niños de su curso y de edades más avanzadas, de la maestra, personajes de cómic, tebeos, fotografías de cuerpo entero. Poner un niño como modelo para intentar dibujarlo, según las posibilidades de cada uno, sólo la cara, de cuerpo entero, de perfil, de espaldas, con movimiento.
- *Canciones* en las que tienen que señalar partes del cuerpo.
- *Juegos, puzzles, cuentos...,* donde figuren las partes del cuerpo humano.

Evaluación del lenguaje matemático y del lenguaje verbal

Después de haber trabajado durante el curso diferentes aspectos del lenguaje matemático y del lenguaje verbal, lo evaluaremos para averiguar el grado de asimilación de los conocimientos trabajados, es decir, de los contenidos asimilados por los niños y niñas de ambas áreas.

La mayoría de la clase tendrá que superar la prueba correspondiente a su curso. Los niños que no la superen tendrán un *Itinerario Complementario* para reforzar y asimilar aquellos aspectos en los que tienen dificultad. Los que la superen con creces, también encontrarán en este itinerario actividades y ejercicios para ir avanzando.

A continuación presentamos las pruebas para los alumnos de Educación Infantil: **P-3, P-4** y **P-5*** en las Áreas de Lenguaje Matemático y Lenguaje Verbal, respectivamente, junto con la valoración global para cada alumno y un registro general, de todos los alumnos para cada curso.

Para que los alumnos los elaboren, el profesor debe leer y explicar claramente todas las preguntas.

Se hacen grupos reducidos o individualmente para que no se copien entre ellos. También les proponemos un recuadro para que se autoevalúen los mayores (P-5) y/o grupo C.

Al final de etapa usamos un *Registro Individual de Valoración de los Contenidos* más específicos, que nos sirve también para poder elaborar los ACIs** de los alumnos con graves dificultades, que están ya en Primaria pero no superan los mínimos; para pasar información más detallada a los maestros del curso correspondiente y ver los contenidos que el alumno aún no tiene asimilados o los que ha superado ampliamente.

---

* Nos referimos a Preescolar de 3, 4 y 5 años (P-3, P-4, P-5).
** ACIs: Adaptaciones Curriculares Individualizadas.

LENGUAJE MATEMÁTICO

Prueba: Lenguaje Matemático P-3 (tres años)

Alumno/a ....

Edad .... Fecha exploración ....

LÓGICA

1. Pinta el sol de color amarillo, el árbol de color verde y la nube de color azul.

2. Marca una **X** en el círculo, un / en el triángulo y una * en el cuadrado.

3. Piensa cuál es la flor más grande y márcala con un color.

4. Pinta las figuras iguales.

NOCIÓN ESPACIAL

5. Relaciona según su uso.

6. Dibuja una flor sobre la mesa y una pelota debajo.

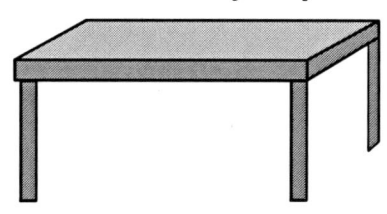

7. Dibuja una pelota redonda delante de la silla y un niño detrás de la silla.

EVALUACIÓN Y POSTEVALUACIÓN DE CONTENIDOS

NOCIÓN DE CANTIDAD

8. Pinta de amarillo el grupo que tiene muchas flores.

9. Escribe el número de caballitos que hay en cada conjunto.

10. Dibuja tantos círculos como números indica la etiqueta.

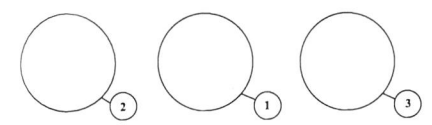

Valoración: Lenguaje Matemático P-3

LÓGICA

1. Diferenciar los colores básicos.
2. Conocer las formas: triángulo, cuadrado y círculo.
3. Diferenciar los tamaños: grande y pequeño.
4. Noción de igualdad.
5. Clasificar según el uso.

NOCIÓN ESPACIAL

6. Conoce el concepto de arriba y abajo.
7. Conoce el concepto de delante y atrás.

NOCIÓN DE CANTIDAD

8. Distinguir entre muchas y pocas.
9. Concepto de cantidad y saber representar gráficamente los números.
10. Reconocer el valor numérico y saber representar la cantidad.

REGISTRO DE VALORACIÓN: LENGUAJE MATEMÁTICO P-3

Fecha de exploración: _____

	Colores	Formas	Tamaños	Noción de igualdad	Clasificar según uso	Conceptos arriba-abajo	Delante-detrás	Poco-mucho	Escritura de los números 1-2-3	Reconoce cantidades	Observaciones
Alumno 1											
A2											
A3											
A4											
A5											
A6											
A7											
A8											
A9											
A10											
A11											
A12											
A13											
A14											
A15											
A16											
A17											
A18											
A19											
A20											
A...											
A25											

EVALUACIÓN Y POSTEVALUACIÓN DE CONTENIDOS

LENGUAJE MATEMÁTICO

Prueba: Lenguaje Matemático P-4 (cuatro años)

Alumno/a ....

Edad .... Fecha de exploración ....

LÓGICA

1. ¿Qué tiempo hace hoy? Rodea con un círculo de color.

2. Pinta el triángulo grande marrón, el cuadrado verde, el triángulo pequeño naranja y el rectángulo rosa.

3. Continúa esta serie:

    O + O + O + ...

CONCEPTO ESPACIAL

4. Dibuja un círculo delante del coche, un triángulo detrás y un cuadrado lejos del coche.

© narcea, s.a. de ediciones

175

CONCEPTO DE CANTIDAD

5. Pinta la primera tortuga de color naranja y la última de color amarillo.

6. Dibuja un conjunto que tenga el mismo número de elementos que el primero, otro que tenga menos y otro que tenga más.

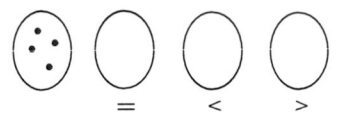

   =   <   >

7. Dibuja tantos elementos como indique la etiqueta.

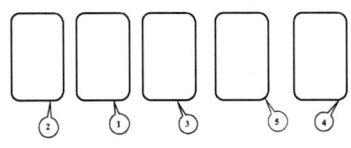

   2   1   3   5   4

8. Escribe los números del 1 al 5.

   ....

RAZONAMIENTOS: PROBLEMAS

9. ¿Cuántas patas tienen estos 2 pollitos?

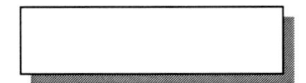

10. El perrito jugando se ha roto una pata. ¿cuántas patas sanas le quedan?

Valoración: Lenguaje Matemático P-4

LÓGICA

1. Valorar la noción temporal.
2. Diferenciar colores, tamaños y reconocer las formas.
3. Realizar series de dos elementos.

CONCEPTO ESPACIAL

4. Noción de delante, atrás y lejos.

CONCEPTO DE CANTIDAD

5. Diferenciar el primero del último.
6. Concepto de igualdad, «más que» y «menos que».
7. Concepto de número, conocer el valor numérico.
8. Saber escribir la serie del 1 al 5.

RAZONAMIENTO

9. Resuelve problemas de sumar.
10. Resuelve problemas de restar.

REGISTRO DE VALORACIÓN: LENGUAJE MATEMÁTICO P-4

Fecha de exploración: _____

	Lógica				Espacio	Temporal	Cantidad			Problemas		Observaciones
	Colores	Formas	Tamaños	Series de 2	Delante-detrás-lejos	Primero-último	Conceptos = < >	Concepto numérico	Grafía de números	Sumar	Restar	
Alumno 1												
A2												
A3												
A4												
A5												
A6												
A7												
A8												
A9												
A10												
A11												
A12												
A13												
A14												
A15												
A16												
A17												
A18												
A19												
A20												
A...												
A25												

EVALUACIÓN Y POSTEVALUACIÓN DE CONTENIDOS

LENGUAJE MATEMÁTICO

Prueba: Lenguaje Matemático P-5 (cinco años)

Alumno/a ....

Edad .... Fecha de exploración ....

LÓGICA

1. Dibuja las siguientes formas: cuadrado, triángulo, círculo y rectángulo

2. Continúa la serie:

O I + O I + ...

CONCEPTO DE ESPACIO

3. Dibuja círculos alrededor del cuadrado y pinta uno verde, dos azules y tres rojos.

© narcea, s.a. de ediciones

CONCEPTO DE TIEMPO

4. Pinta el paisaje en el que es de noche.

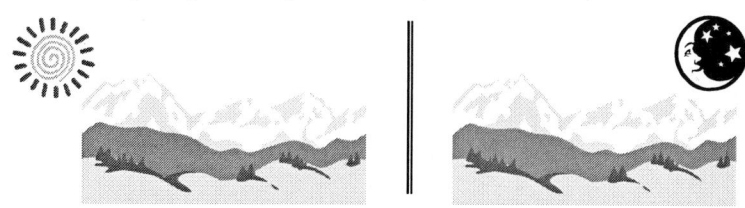

ESCRITURA DE NÚMEROS

5. Escribe estos números: siete, nueve, ocho, tres, cuatro, dos, uno, cinco y seis.

....

CONCEPTO DE CANTIDAD

6. Dibuja lo que indican las etiquetas del conjunto.

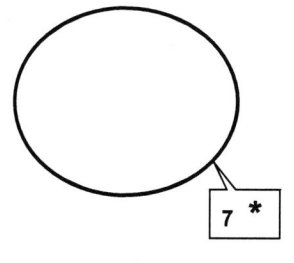

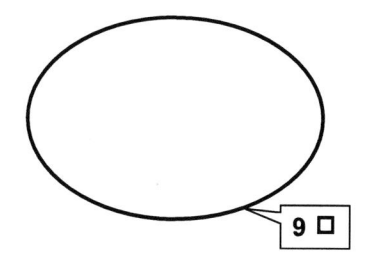

7 *   9 □

CÁLCULO

7. Realiza estas operaciones (a criterio del maestro se puede utilizar material de soporte).

$$\begin{array}{r} 4 \\ +5 \\ \hline \end{array} \qquad \begin{array}{r} 7 \\ -3 \\ \hline \end{array} \qquad 2+5=\boxed{} \\ 6-2=\boxed{}$$

EVALUACIÓN Y POSTEVALUACIÓN DE CONTENIDOS

UNIDADES DE MEDIDA

8. Asocia los elementos correspondientes.

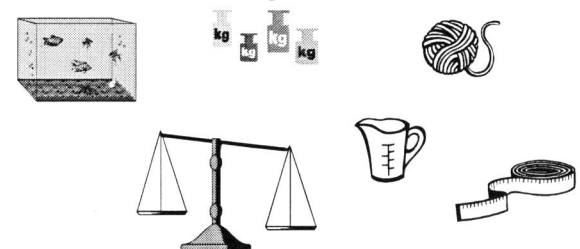

RAZONAMIENTO: PROBLEMAS

9. Sergio tiene 6 globos y pierde 2, ¿cuántos globos tiene ahora Sergio?

   Le quedan _____

10. Emma compró una muñeca por 6 €uros y una pelota por 4 €uros. ¿Cuántos €uros ha de pagar?

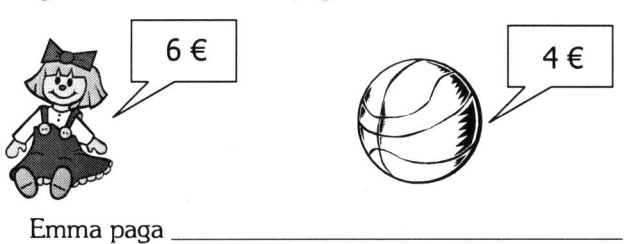

    6 €

    4 €

    Emma paga _____

© narcea, s.a. de ediciones

181

Valoración: Lenguaje Matemático P-5

AUTOEVALUACIÓN

¿Qué calificación crees que te mereces?
(Puede colocar una palabra, una frase o pintar de color ámbar, rojo o verde).

LÓGICA

1. Saber representar las formas básicas.
2. Realizar series de 3 elementos.

CONCEPTO DE ESPACIO

3. Conocer el término «alrededor de».

CONCEPTO DE TIEMPO

4. Diferenciar entre día y noche.

ESCRITURA DE NÚMEROS

5. Reconocer la grafía de los números hasta el 10.

CONCEPTO DE CANTIDAD

6. Conocer el valor de los números.

CÁLCULO

7. Comprender la mecánica de la suma y la resta.

UNIDADES DE MEDIDA

8. Saber aplicar correctamente las unidades de medida: metros, litros, kilos y euros.

RAZONAMIENTO: PROBLEMAS

9. Saber resolver problemas de sumar.
10. Saber resolver problemas de restar.

EVALUACIÓN Y POSTEVALUACIÓN DE CONTENIDOS

REGISTRO DE VALORACIÓN: LENGUAJE MATEMÁTICO P-5

Fecha de exploración: _____

	Lógica			Medida	Espacio	Temporal	Nombres y operaciones				Problemas		Observaciones
	Representación de formas	Series de 3 elementos	Colores	Asociar m-l-kg	Alrededor	Día-noche	Escritura hasta 10	Conocer valor n.º	Saber sumar	Saber restar	Sumar	Restar	
Alumno 1													
A2													
A3													
A4													
A5													
A6													
A7													
A8													
A9													
A10													
A11													
A12													
A13													
A14													
A15													
A16													
A17													
A18													
A19													
A20													
A21													
A...													
A25													

© narcea, s.a. de ediciones

REGISTRO INDIVIDUAL DE VALORACIÓN FINAL DE ETAPA. LENGUAJE MATEMÁTICO P-5

Al terminar el ciclo de Educación Infantil, podemos realizar una evaluación individual de todos los contenidos de Lenguaje Matemático siguiendo el registro individual que proponemos a continuación.

LENGUAJE MATEMÁTICO. REGISTRO INDIVIDUAL P-5	
Alumno/a	
Curso .... Edad .... Año .... Centro	
S = superado **M** = a medias **N** = no superado	
LÓGICA	
Identifica el tiempo: sol, lluvia, viento...	
Agrupa objetos por semejanzas.	
Diferencia los colores básicos.	
Diferencia los tamaños: grande-mediano-pequeño.	
Clasifica los objetos según forma, color y tamaño.	
Realiza series de 2 elementos.	
Realiza series de 3 elementos.	
NOCIÓN DE CANTIDAD	
Diferencia conjuntos según conceptos: mucho-poco.	
Diferencia conjuntos: todo-nada.	
Establece relaciones de igualdad y diferencia (más, menos).	
Tiene noción de par-doble-mitad.	

NOCIÓN DE ESPACIO [1]	
Orientación, organización y direccionalidad.	
Delante-detrás.	
Arriba-abajo.	
Encima-debajo.	
Lejos-cerca.	
Alrededor-en medio.	
Dentro-fuera.	
Abierto-cerrado.	
NOCIÓN TEMPORAL	
Antes-ahora-después.	
Siempre-nunca.	
Primero-último.	
Día-noche.	
Mañana-tarde-noche.	
Ayer-hoy-mañana.	
Días de la semana.	
Meses del año.	
Estaciones del año.	
Ordena historietas de 3-4 elementos.	
MEDIDA	
Noción de medida.	
Largo-corto.	

→

---

[1] Consideramos que los conceptos *derecha-izquierda* no es necesario evaluarlos aún en Educación Infantil. Si el grupo lo tiene superado, excelente.

Ancho-estrecho.	
Grueso-delgado.	
Alto-bajo.	
Pesado-ligero.	
Lleno-vacío.	
Grande-pequeño.	
Más que-menos que.	
Tan... como.	
Conocimiento elemental de la moneda.	
Medida de longitud: palmo-pie-metro.	
Medida de capacidad: vaso-botella-litro.	
Medida de peso: kilo, más pesado, menos pesado.	
Aproximaciones, predicciones, redondear.	
GEOMETRÍA	
Reconoce figuras geométricas: círculo, cuadrado, triángulo y rectángulo.	
Conoce y reproduce líneas rectas y curvas.	
Conoce y reproduce líneas abiertas y cerradas.	
Reconoce la forma esférica, cúbica, cónica y cilíndrica relacionada con objetos cotidianos.	
CÁLCULO, NÚMEROS Y OPERACIONES	
Reconoce diferentes números.	
Sabe contar sin alterar el orden de 0 a 9.	
Sabe establecer un orden de sucesión de más a menos.	
Conoce el valor de los números.	

EVALUACIÓN Y POSTEVALUACIÓN DE CONTENIDOS

Sabe formar conjuntos de diferentes elementos.	
Reconoce y escribe del 0 al 5.	
Reconoce y escribe del 5 al 9.	
Composición y descomposición hasta el número 10.	
Reconoce diferentes grafías del calendario.	
Reconoce los conceptos: = + < >	
Noción de adición con objetos.	
Noción de sustracción con objetos.	
Resuelve sumas horizontales y verticales inferiores a 10	
Resuelve restas horizontales y verticales inferiores a 10	
Resuelve problemas sencillos de sumar.	
Resuelve problemas sencillos de restar.	
Resuelve problemas sencillos de dos operaciones.	

Estos ítems son muy útiles para preparar la Adaptación Curricular Individualizada (ACI) de los alumnos con Necesidades Educativas Especiales (NEE) que están en Primaria y no han integrado los objetivos mínimos de Educación Infantil. Lo mismo podemos hacer con los del área de Lengua. También nos pueden ayudar los itinerarios complementarios para atender a la diversidad en Matemáticas y Lengua.

POSTEVALUACIÓN DEL LENGUAJE MATEMÁTICO

Itinerarios Complementarios para atender a la Diversidad

	GEOMETRÍA
OBJETIVOS	➢ Asimilar los conceptos de dentro y fuera. ➢ Diferenciar las líneas abiertas, cerradas, curvas y rectas. ➢ Descubrir en su entorno las figuras círculo, cuadrado, triángulo y rectángulo. ➢ Diferenciar la esfera del cubo.
ACTIVIDADES Nivel A	• Trabajar las grafías de las líneas horizontales, verticales e inclinadas, desde distintos planos y materiales (pinchar, cortar, poner garbanzos encima...). • Dibujar paisaje con «gomets». • Con papel cuadriculado, dibujar cuadrado, recuadros, cenefas, etc. • Hacer figuras (cuadrados, triángulos...) con pajas, palitos de helado, palillos planos. • Jugar colocándose dentro y fuera de un aro. • Poner y sacar objetos de una caja. • Observar en su medio animales que estén dentro o fuera del agua, de la jaula, de la pecera... • Pisar una cuerda o cinta que forme una línea abierta o cerrada. Jugar con los cochecitos haciendo rectas y curvas en papel de embalar o en el suelo. • Separar en un montón los triángulos, cuadrados y rectángulos. • Palpar bolas y dados con los ojos abiertos y cerrados.
ACTIVIDADES Nivel B	• Dibujar objetos dentro y fuera de unos espacios marcados. • Poner y sacar bolitas, canicas, garbanzos de una cajita. • Cogidos de la mano formar líneas, abiertas, cerradas, curvas y rectas. • Modelar figuras geométricas. • Pintar en un dibujo formas esféricas y cúbicas. • Observar en diversas fotos líneas y figuras. • Observar en la naturaleza líneas y figuras y dibujarlas a su manera.

EVALUACIÓN Y POSTEVALUACIÓN DE CONTENIDOS

ACTIVIDADES Nivel C	• Dibujar un paisaje con formas geométricas. • Observar en la naturaleza diversas líneas y figuras geométricas (la forma de la sección de un árbol cortado, el círculo o el triángulo de una copa de un árbol o abeto). • Observar dentro del aula los objetos que tengan forma esférica, cúbica, cónica, de prisma. • Modelar volúmenes (esfera, cubo). • Hacerles observar que en determinados juegos están dentro o fuera del área de juego. • Observar el volumen geométrico de algunos alimentos (quesitos, caramelos, frutas...).
GRUPO CLASE	• Jugar al «veo veo». Una ventana ¿cómo es? (cuadrada) o bien ¿dónde veo un cuadrado? • Todos delante de un aro y a la orden de dentro, fuera dada por la maestra saltan dentro del aro o salen fuera. • De dos en dos cogidos de la mano forman jaulas, que a su vez forman un círculo y dentro está un niño haciendo de pájaro. Uno o unos pájaros quedan fuera de las jaulas, al grito de todos a volar, salen de sus jaulas, ocasión que aprovechan los pájaros sin jaula para entrar en una y así sucesivamente.

	ESPACIO
OBJETIVOS	➢ Adquirir a través del juego las nociones espaciales básicas y saber plasmarlas. ➢ Reconocer la simetría en su cuerpo y en objetos sencillos.
ACTIVIDADES Nivel A	• Mediante juegos de Psicomotricidad trabajar las nociones de delante/detrás, encima/debajo, alto/bajo, adelantar/retroceder, cerca/lejos, arriba/abajo. • Cerrar y abrir las manos, los ojos, la boca... • Diferenciar las partes dobles del cuerpo (ojos) de las sencillas (boca).
ACTIVIDADES Nivel B	• Plasmar en el papel todas las nociones adquiridas en los juegos de Psicomotricidad. • Diferenciar mediante fotos y dibujos los conceptos anteriores. • Montar puzles con dibujos simétricos sencillos.

ACTIVIDADES Nivel C	• Trabajar la noción de simetría cortando por su eje muñecas recortables, animales, plantas, frutas y objetos susceptibles de recortar mitades; desplazarlas para comprobar la distorsión, mezclarlos y componerlos correctamente. • Buscar en su entorno natural y social objetos simétricos, lámparas, farolas, un abeto, el sol, margaritas... • Darles un dibujo muy sencillo que deban completarlo simétricamente. Ejemplo: mariposa, jarrón...
GRUPO CLASE	• Trabajar la noción de simetría con dibujos muy sencillos y esquemáticos, que los recorten por el eje de simetría previamente marcado y luego hacer el encaje correcto.

	NUMERACIÓN
OBJETIVOS	➢ Comprender la funcionalidad de los números mediante la observación de la realidad. ➢ Aprender la numeración con ejemplos concretos del entorno social. ➢ Descubrir que el mismo número sirve para muchas cosas: 3 años, 3 caramelos, 3 flores, 3 pasos. ➢ Asimilar la escritura; valor y ordenación. Diferenciar la escritura numérica según su función en columna (recetas, listados) o en horizontal (calendarios), clasificación y localización de los números. ➢ Iniciar el razonamiento matemático a través de juegos y planteamientos de la vida diaria.
ACTIVIDADES Nivel A	• Hacer un montón de elementos imitando a la maestra. • Poner más elementos o menos que la maestra. • Imaginar que abrimos una puerta determinada sin llave, con un código: un número que para entrar y salir tengamos que marcar con el dedo y que podremos ir cambiando. • Repasar los números sobre punteado o en relieve, en la pizarra, o en el suelo, caminando por encima. • Dibujar en el aire haciendo diferentes números imitando a la maestra. • Localizar numeraciones concretas: casas, pisos, teléfonos, precios, relojes, calendario, termómetro...

EVALUACIÓN Y POSTEVALUACIÓN DE CONTENIDOS

ACTIVIDADES Nivel A	• Clasificar por medio de cartoncitos números dados (según formatos y valores). • Modelar números con distintos materiales: plastilina, harina, arena. • Representar con el cuerpo algunos números. • Escribir números sobre papel, primero copiados y después sin modelo. • Subiendo y bajando escaleras aprender a contar y descontar. • Practicar sumas y restas manipulando objetos. • Problemas orales; llega el papá con el coche y hace, «mec... mec... mec» para que vayamos a ayudarle a subir la compra. ¿Cuántas veces ha sonado el claxon? • La bata del cole tiene 5 botones y se ha perdido uno. ¿Cuántos botones quedan en la bata? • Problema de lógica; en el zoo hay 2 elefantes, 1 periquito se lleva volando a un elefante. ¿Cuántos elefantes quedan en el zoo?

ACTIVIDADES
Nivel B
	• Poner en vasos tantos garbanzos como indica su etiqueta.
	• En un cartón con los números trabajados colocar encima chapas, clips...
	• Relacionar números con los objetos correspondientes.
	• Memorizar la numeración.
	• Buscar en su entorno objetos que se parezcan a un número.
	• Clasificar (pares, impares).
	• Ordenar números dados de manera ascendente o descendente.
	• En una serie de 3 números completar el que falta.
	• Etiquetar precios (rincón de la tienda).
	• Hacer montones (por ejemplo, 2 de 4 ó 3 de 6).
	• Copiar y realizar sumas y restas concretas.
	• Problemas orales:
	  1. Jugando al fútbol hemos marcado un gol en la primera parte y dos en la segunda. ¿Cuántos goles hemos marcado?
	  2. Tenemos un collar con nueve perlas y se nos caen dos. ¿Cuántas perlas tiene el collar?
	• Problema de lógica: La cabra blanca nos da leche blanca. ¿De qué color será la leche de la cabra negra?

ACTIVIDADES Nivel C	• Memorizar datos: fechas de nacimiento, teléfonos, direcciones... • Hacer conjuntos de objetos y colocar el número correspondiente o viceversa. • En una serie de 4 ó 5 números buscar uno o dos que puedan fallar. • Hacer una ficha con datos personales: Nombre de calle, teléfono, peso, altura, años, número de hermanos, talla de ropa, número de calzado. • Hacer dos montones de tres o tres montones de cuatro, etc. • Dibujar un tren y poner una pegatina azul en el 1º, verde en el 2º y amarilla en el 3º. • Recortar y pegar tu foto en el primer piso de un bloque de pisos, en el tercero o en el último. • Averiguar cuántas ventanas, balcones o puertas tiene el bloque. • Descomponer números: 5 = 3+2 = 1+2+2 = 4+1. • Realizar sumas y restas verticales y horizontales. • Problemas mentales: ¿Cuántas patas tienen tres gallinas? ¿Cuántos picos? • La tarta de mi cumpleaños tiene 5 velas, al soplar he apagado tres. ¿Cuántas quedan encendidas? • Problema de Lógica: El gallo ha puesto dos huevos por la mañana y uno por la tarde ¿Cuántos huevos ha puesto en total? *(el gallo no pone huevos)*.
GRUPO CLASE	• Preparar juegos de oca, parchís, cartas, dados, bingo y ordenador. • Juego del escondite, saltar a la cuerda (contando números). • Jugar a hacer filas (primero, segundo, último). • Juego de los tantos. Encestando en la canasta, marcando goles, entrando canicas por unas puertecitas preparadas de antemano con una cajita de cartón.

EVALUACIÓN Y POSTEVALUACIÓN DE CONTENIDOS

	MEDIDA
OBJETIVOS	➢ Iniciar en los conceptos de grande, mediano, pequeño, largo, corto, alto, bajo, grueso, fino. ➢ Aprovechar todo su entorno para experimentar estos conceptos y su funcionalidad. ➢ Iniciar mediante la experimentación y observación en las unidades de medida y distancia.
ACTIVIDADES Nivel A	• Ordenar por grande, mediano, pequeño. • Clasificar por largo/corto, mediante pasta, lápices, calcetines. • Clasificar por alto/bajo, en niños/niñas, sillas, casas. • Diferenciar una palabra larga/corta (oso/hormiga). • Llenar una cajita y vaciarla (lleno/vacío). • Experimentar pesos, sopesando 1 libro o 1 fruta de distintos tamaños. • Diferenciar día/noche (dibujos, láminas, películas). • Manipular euros y céntimos.
ACTIVIDADES Nivel B	• Relacionar tamaños; grande, mediano, pequeño. • Medir mesas, sillas, pizarra, etc., con la mano o con un palo. • Medir con los pies; la clase, un patio, pasillo... • Ordenar sobres de cartas diferentes. • Experimentar el peso de un cartón de leche lleno y vacío. • Comprar cartones de leche de más de 1 litro y menos de 1 litro. • Comprar paquetes de legumbres o pasta que pesen más de 1 kilo y menos de 1. • Poner un litro de agua en distintos recipientes. • Comparar pastas (grueso, fino). • Experimentar; duro/ blando (plastilina, piedra, madera). • Temporalizar desayuno, comida, cena. • Experimentar el reloj como medida de tiempo. • Comparar objetos según sean más o menos caros.
ACTIVIDADES Nivel C	• Ordenar por concepto de mayor, mediano, pequeño. • Diferenciar un viaje largo/corto por la distancia entre dos ciudades o por la duración relativa del mismo. • Medir con cinta métrica objetos reales.

ACTIVIDADES Nivel C	<ul><li>Comparar medidas; más largo que, más corto que, más bajo que...</li><li>Aproximación de medidas; más de un metro, menos de un kg, igual que 1 litro.</li><li>Pesar ingredientes en el rincón de la cocina.</li><li>Reflexionar sobre cuándo gastamos más agua; duchándonos o bañándonos.</li><li>Pesarse y compararse con los compañeros.</li><li>Localizar el día de hoy, ayer, mañana, en el calendario y en el uso diario.</li><li>Distinguir diferentes relojes (pulsera, despertador, digital, de arena).</li><li>¿Qué es más caro hablar por teléfono o por el móvil?</li></ul>

EVALUACIÓN Y POSTEVALUACIÓN DE CONTENIDOS

Los cuentos como recurso para aprender los números

Incluimos a continuación otros recursos para reforzar o motivar el aprendizaje de los números: son cuentos cortos para ir introduciendo o reforzando las grafías numéricas del **0** al **9**. A cada número le corresponde un cuento.

* * *

1 Sucedió una vez que la letra «**i**» dejó a sus compañeras, las otras letras del abecedario, porque quería viajar. Se puso una visera para evitar que el sol le molestara. Al pasear cerca de un río se vio reflejada en el agua y se gustó porque estaba muy guapetona así.
  Menuda sorpresa se llevó cuando descubrió que nadie la llamaba por su nombre «**i**», flores, insectos, nubes, peces del río y especialmente el viento la llamaban: u, u!.. un...! Acabó gustándole su nuevo nombre: un, uno, una, uno, 1. Cuando veía una mariposa solitaria iba a jugar con ella, si era un pez despistado, le hacía compañía. El uno era muy feliz y todos le querían.

* * *

2 En el país de las letras echaban de menos a la «**i**», especialmente la «**z**» de la palabra «feliz». Estaba triste sin poder hacer la palabra «feliz cumpleaños», «feliz Navidad». Por eso con rapidez se dejó caer sin temor. El viento la llevó hasta dejarla muy suavemente junto a la charca de unos patitos. La «**z**» se levantó tambaleándose algo mareada del viaje. Se estiró y quedó mayúscula, los patitos la miraban, se parecía a ellos pero no tenía alas para volar, ni tampoco patas para nadar como ellos. Los simpáticos patitos le pusieron de nombre «dos», porque ya no era una letra sino un número como el 1. Cuando «**2**» supo que el «**1**» era su compañero, muy contento se fue a buscarlo. Se encontraron y jugaron muy felices el «**1**» y el «**2**».

* * *

3 La letra «**n**» no echaba en falta a la «**z**» pero sí un poco a la «**i**», también se aburría cuando estaba con la «**o**», pues la palabra que formaban era bastante feucha: «No». Todas se cansaban de ella. Por eso una noche se fue en busca de sus compañeras. Preguntando, preguntando, las encontró, mejor dicho fueron ellas quienes la vieron primero, estuvieron charlando y pensando la manera de transformarla en número para que se pudiera quedar con ellas. El patito sabio del estanque les dio la idea: hay que levantarla con fuerza y será el **3**. Así lo hicieron y resultó muy divertido estar juntos el **2** y el **3**.

* * *

4 En el país de las letras llegaban las noticias de las aventuras de las letras viajeras, la letra «**u**» estaba muy enfadada, ¿sabéis por qué? Porque era siempre la última, siempre llamaban a las vocales por ese orden a, e, i, o, u, nunca decían u, o, i, e, a. Por eso se fue aquella tarde a buscar a sus antiguas compañeras y a descubrir en qué número se convertiría.

Cuando las encontró les pidió que le ayudaran a ser un número. Muy deprisa la llevaron al patito sabio, pero éste la miró muy serio y aconsejó que consultaran con el cirujano plástico, un picapinos muy diestro que aceptó encantado. Le puso una prótesis muy chula y se pudo llamar 4, estaba orgulloso porque podía caminar con una sola pierna y era el número cuatro.

* * *

5 Todas las letras lo sabían pero nunca se burlaban de la «**v**», todas sabían que tenía mucha vergüenza pero lo disimulaban. La «v» se moría de ganas de ver cómo eran sus compañeras convertidas en números pero le daba vergüenza decirlo, por eso se escondía en las nubes esperando que alguna la llevara a verlos y hablar con ellos. Un día no se fijó bien y se metió en una nube tempestuosa que enfadada lanzó a la despistada «**v**» de cabeza al río. Estuvo en remojo hasta que finalizó la tormenta y un pez y un pato la sacaron del agua. Se secó durante largo tiempo al sol y cuando estuvo seca ya no era «**v**» sino **5**, ya que hace años lo habían pensado unos señores romanos.

«V» = 5   «I» = 1   «X» = 10

EVALUACIÓN Y POSTEVALUACIÓN DE CONTENIDOS

Los patitos le indicaron el lugar donde jugaban los números y muy contentos le abrazaron todos, el 1, el 2, el 3 y el 4.

* * *

6 Aquella mañana la «g» que componía la palabra guerra se levantó completamente decidida a finalizar todas las guerras que había, estaba convencida de que si ella dejaba la palabra, la u también dejaría el grupo y ya no tendría sentido. Dicho y hecho, se marchó, pasó muchas noches y muchos días sin comer ni beber buscando a los números. Su hermosa barriguita fue aplanándose y cuando encontró a sus amigos estaba desbarrigada, muy finita.

Esta vez no necesitaron consultar al patito sabio para transformarla en un número, les bastó que hiciera una voltereta y se pusiera al revés. Así lo hizo y quedó hecha un seis muy elegante. El 6 estaba muy contento de haber desbaratado la palabra guerra.

* * *

7 En el país de las letras todo el mundo hablaba de la valentía de la «g» en deshacer la palabra guerra. La «t» quería que todas las letras hablaran de ella. Buscó entre sus palabras una que la hiciera famosa. Pensando, pensando encontró las palabras «tonto», «tonta», «atontado», «atontada». Se puso contentísima porque haría desaparecer un insulto. De esta manera las personas serían más amigas. Así que la «t» dejó su país con tanta fortuna que enseguida encontró a sus parientes (habían sido letras), los números. Éstos al verla la abrazaron y sin dudarlo un instante le pusieron una visera y ya tenían un nuevo compañero, el 7, que se puso a bailar de contento.

* * *

8 Con el nuevo éxito, algunas letras empezaron a revisar sus palabras por si había alguna que insultara a las personas. La letra más rápida fue la «o», mejor dicho fueron «**las o**» porque algunas veces, como la «**d**» o la «**r**», eran gemelas. Todas bailaban como peonzas de alegría porque la palabra «**mocoso/a**» iba a desaparecer, ya no molestaría más a ningún niño o niña

Así que se cogieron bien fuerte ¡y a saltar sea dicho! Llegaron rodando junto a los números que las recibieron con aplausos.

No fue difícil ponerles nombre, ya no serían gemelas, serían siamesas, estaban muy bien tan juntitas y formaban un **8** muy fuertote.

* * *

9 Las letras que permanecían en su país estaban contentas de no haberse marchado y orgullosas de tener unos parientes en el país de los números, porque tenéis que recordar que ya eran unos cuantos. Digo todas, aunque todas no. Estaba la **«q»** que quería ser letra pero también deseaba vivir con los números. Una tarde después de la siesta se lo contó con un poco de miedo a sus hermanas las otras **«q»**. Asombrada vio que no se enfadaban sino que la ayudaban a probar fortuna. Si no te gusta, le dijeron, siempre podrás volver con nosotras.
 Así que la **«q»** se bajó por un tobogán muy largo, muy largo y se lo pasó muy bien en el viaje. En cuanto se puso de pie se dio cuenta de que había perdido su palito y había quedado perfecta para unirse a los números que, en cuanto la vieron le dieron el nombre de **9**. ¡Esto marcha! Se decían, vamos a poder hacer muchas cosas todos juntos.

* * *

0 Ocurrió que una tarde en el país de los números estaban todos descansando en silencio porque habían jugado mucho y se encontraban muy cansados, cuando oyeron un sollozo. Escucharon con atención. Sí, alguien estaba llorando muy flojito. Se pusieron a buscarlo y encontraron dentro de un cajón a una letra **«o»**, la hermanita de las gemelas de la palabra «mocoso», que se había ido tras ellas y rodó mucho más lejos. Cuando las encontró vio que todas tenían otro nombre y se pensó que a ella no le darían ninguno porque era redonda, demasiado redonda y no podía transformarse en ningún número.
 Fueron a buscar al patito sabio que al enterarse de lo ocurrido dijo: «No te preocupes, te llamarás **cero** y aunque solo no tengas valor, harás muy ricos a tus hermanos cuando estés con ellos porque formarás 10, 20, 30, 40, 50».
 Por fin el país de los números iba a crecer como el de las letras y eso les hizo muy felices.

EVALUACIÓN Y POSTEVALUACIÓN DE CONTENIDOS

LENGUAJE VERBAL

Prueba: Lenguaje Verbal P-3 (tres años)

Alumno/a ....

Edad .... Fecha exploración ....

COMPRENSIÓN Y EXPRESIÓN ORAL

1. ¿Cómo te llamas?

2. ¿Cuántos años tienes?

3. Explicaremos el cuento «la caperucita roja». Dime el nombre de los personajes del cuento.

4. Antes de venir a la escuela. ¿Qué has hecho? ¿Cuándo salgas, qué harás?

5. ¿Qué sonidos hacen estos animales?

VOCABULARIO

6. Dime el nombre de estos animales.

MOTRICIDAD

7. Sigue pintando los palos de esta valla.

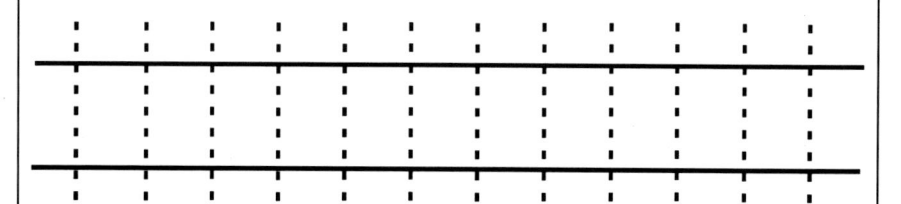

8. Dibuja el camino.

9. ¿Qué le falta a esta cara?

DIFERENCIACIÓN ENTRE LETRAS Y CIFRAS

10. Redondea las letras que encuentres:

A   1   M   3   E   5   T   8   P

Valoración: Lenguaje Verbal P-3

COMPRENSIÓN Y EXPRESIÓN ORAL

- Saber responder a preguntas muy simples.
- Reconocer cuáles son los personajes de un cuento.
- Ordenar y secuenciar en el tiempo: antes-después.
- Estructurar las frases.
- Reconocer onomatopeyas.

VOCABULARIO

- Riqueza de vocabulario.
- Observación fonética.

MOTRICIDAD

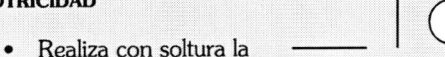

- Realiza con soltura la
- Coordinación óculo-manual.

DIFERENCIA LETRAS DE NÚMEROS

- Conoce las letras diferenciándolas de los números.

EVALUACIÓN Y POSTEVALUACIÓN EN EDUCACIÓN INFANTIL

REGISTRO DE VALORACIÓN: LENGUAJE VERBAL P-3

Fecha de exploración: _____

	Comprensión	Expresión	Onomatopeyas	Vocabulario	Errores fonéticos	Coordinación óculo-manual	Escritura del nombre		Diferencia letras de números
							Copia	Memoria	
Alumno 1									
A2									
A3									
A4									
A5									
A6									
A7									
A8									
A9									
A10									
A11									
A12									
A13									
A14									
A15									
A16									
A17									
A18									
A19									
A20									
A21									
A22									
A23									
A24									
A25									

EVALUACIÓN Y POSTEVALUACIÓN DE CONTENIDOS

LENGUAJE VERBAL

Prueba: Lenguaje Verbal P-4 (cuatro años)

Alumno/a ....

Edad .... Fecha de exploración ....

COMPRENSIÓN VERBAL

1. Dibuja los personajes que recuerdes del cuento «El gato con botas» (previa explicación del cuento).

EXPRESIÓN VERBAL

2. Explícame algo que te gustaría que yo supiera: una noticia, una vivencia, un cuento...
3. Explica qué ves en este recuadro. Puedes inventar una historia.

MEMORIZACIÓN

4. Recita una poesía.

LECTURA

5. Lee las palabras y frases siguientes:

- PELOTA   pelota
- MARÍA SE RÍE   María se ríe
- LOS NIÑOS COMEN CARAMELOS   Los niños comen caramelos

ESCRITURA

6. Copia la frase siguiente:

   EN EL JARDIN HAY FLORES

   ....

   En el jardín hay flores

   ....

7. Redondea las «m» y las «n»

   «Pim Pom es un muñeco
   muy guapo de cartón, de cartón.
   Se lava la carita
   con agua y con jabón, con jabón».

DICTADO

8. Ahora escribiremos una lista de alimentos para comprar en el supermercado: (macarrones, pescado, queso, pan)

   ....

9. Escribe el nombre de estos animales:

   ....

10. Escribe las palabras que tú quieras:

    ....

EVALUACIÓN Y POSTEVALUACIÓN DE CONTENIDOS

Valoración: Lenguaje Verbal P-4

COMPRENSIÓN ORAL

- Recordar los personajes del cuento (1).

EXPRESIÓN ORAL (2, 3)

- Orden secuencial en el tiempo.
- Fluidez verbal.
- Expresión y riqueza de vocabulario.
- Estructuración y coherencia.
- Creatividad.
- Pronunciación.

MEMORIZACIÓN (4)

- Memoria.
- Entonación.
- Pronunciación.

LECTURA (5)

- Reconocimiento de letras y palabras.

INICIACIÓN AL LENGUAJE ESCRITO (6-10)

- Copiar lo más correctamente posible.
- Buena distribución en el papel.
- Diferenciar letras en un texto.
- Omisión y repetición de letras en las palabras.
- Construcción de palabras.

© narcea, s.a. de ediciones

REGISTRO DE VALORACIÓN: LENGUAJE VERBAL P-4

Fecha de exploración: _____

	Expresión oral							Expresión escrita				
	Comprensión	Expresión	Riqueza de vocabulario	Fluidez verbal	Coherencia en la explicación	Correcta pronunciación	Memoria	Lectura	Copia	Diferenciación de letras	Dictado	Construcción de palabras	Construcción de frases	Observaciones
Alumno 1														
A2														
A3														
A4														
A5														
A6														
A7														
A8														
A9														
A10														
A11														
A12														
A13														
A14														
A15														
A16														
A17														
A18														
A19														
A20														
A...														
A25														

EVALUACIÓN Y POSTEVALUACIÓN DE CONTENIDOS

LENGUAJE VERBAL

Prueba: Lenguaje VerbaL P-5 (cinco años)

Alumno/a ....

Edad .... Fecha de exploración ....

COMPRENSIÓN ORAL

1. Después de escuchar el cuento de «Los tres cerditos» contestarás las siguientes preguntas:
   - ¿Qué quiere hacer el lobo?
   - ¿Qué hacen los cerditos?
   - ¿Qué casita te parece más floja?
   - ¿En qué casa se juntan todos?

EXPRESIÓN ORAL

2. Explica un cuento o una noticia que te haya gustado mucho.

MEMORIZACIÓN

3. Recita una poesía o explica un acertijo.

LECTURA

4. Lee las palabras y frases siguientes:

UNA PIRULETA	*Una piruleta*
JOSÉ QUIERE LEER UN CUENTO	*José quiere leer un cuento*
MARTA TIENE UNA MUÑECA	*Marta tiene una muñeca*

EXPRESIÓN ESCRITA

5. Copia estas frases:

PEDRO JUEGA CON LA PELOTA.

....

Pedro juega con la pelota

....

© narcea, s.a. de ediciones

6. Rodea las palabras: «COMO» y «SIN»

   PLANA COMO LA MANO
   BLANCA COMO LA NIEVE
   HABLA SIN BOCA
   CAMINA SIN PIES

7. Escribe el nombre de dos amigos tuyos:

   ....

   ....

8. Escribe el nombre de estos animales:

9. Escribe el título de un cuento:

10. Escribe lo que quieras:

   ....

Valoración: Lenguaje Verbal P-5

Autoevaluación

¿Qué calificación crees que te mereces? (Puedes colocar una palabra, una frase o pintar de color ámbar, rojo o verde).

COMPRENSIÓN ORAL (1)

- Entiende la idea general de un texto.

EXPRESIÓN ORAL (2)

- Orden secuencial en el tiempo.
- Fluidez verbal.
- Expresión y riqueza de vocabulario.
- Estructuración y coherencia en la explicación: introducción, nudo y desenlace.
- Creatividad.
- Correcta pronunciación.

MEMORIZACIÓN (3)

- Memoria.
- Entonación.
- Buena pronunciación.

LECTURA (4)

- Reconocimiento de letras, sílabas y palabras.

ESCRITURA (5-10)

- Buen trazo y direccionalidad.
- Copiar correctamente.
- Buena distribución en el papel.
- Diferenciar palabras en un texto.
- Omisión y repetición de letras en las palabras.
- Reconocimiento de letras.
- Construcción de palabras y de frases.

REGISTRO DE VALORACIÓN: LENGUAJE VERBAL P-5

Fecha de exploración: _____

	Expresión oral								Expresión escrita					
	Comprensión	Riqueza de vocabulario	Fluidez verbal	Coherencia en la explicación	Entonación	Correcta pronunciación	Memoria	Lectura	Copia	Diferenciar palabras	Dictado	Construcción de frases	Texto libre	Observaciones
Alumno 1														
A2														
A3														
A4														
A5														
A6														
A7														
A8														
A9														
A10														
A11														
A12														
A13														
A14														
A15														
A16														
A17														
A18														
A19														
A20														
A...														
A25														

EVALUACIÓN Y POSTEVALUACIÓN DE CONTENIDOS

REGISTRO INDIVIDUAL DE VALORACIÓN FINAL DE ETAPA. LENGUAJE VERBAL P-5

Al terminar el ciclo de Educación Infantil realizaremos una evaluación individual de todos los contenidos del lenguaje verbal siguiendo el registro individual que proponemos a continuación.

LENGUAJE VERBAL. REGISTRO INDIVIDUAL P-5

Alumno/a ....

Curso .... Edad .... Año .... Centro ....

S = superado   **M** = a medias   **N** = no superado

COMPRENSIÓN ORAL			
Es capaz de escuchar cuentos, noticias u otros textos			
Es capaz de recordar los personajes principales de un cuento			
Sigue el hilo de una narración y recuerda el orden en que se suceden los hechos			
Comprende la idea general de un texto			
Contesta preguntas de comprensión cerradas			
Contesta preguntas de comprensión abiertas			
Es capaz de realizar dos o tres órdenes sucesivas			
Reconoce los diferentes géneros literarios: narración, poesía, canción, adivinanza,...			
Relaciona la nueva información con otra ya conocida			
Distingue la realidad de la fantasía			

→

EXPRESIÓN ORAL			
Imita onomatopeyas			
Articula bien los sonidos			
Utiliza el vocabulario básico trabajado			
Se expresa de forma coherente			
Estructura bien las frases			
Memoriza y recita poesías, adivinanzas…			
Relata con orden las acciones de un día			
Explica un cuento estructuradamente			
Hace la descripción de un compañero, de una foto o animal			
Escucha y sigue un diálogo			
Explica una noticia y hace un comentario			
Expresa estructuradamente sus ideas, sentimientos, vivencias…			
Hace exposiciones orales ordenadas y coherentes.			
COMPRENSIÓN ESCRITA (prelectura y lectura)			
Sabe diferenciar las letras de los números			
Mira libros y cuentos de la clase			
Interpreta logotipos y símbolos gráficos			
Hace lectura de imágenes en una línea o varias			
Hace hipótesis sobre lo que puede estar escrito a partir de dibujos, fotos…			
Reconoce las vocales			
Reconoce las letras trabajadas			
Reconoce su nombre			
Sabe leer palabras conocidas			

Reconoce el nombre de los compañeros			
Relaciona el texto escrito con las imágenes que le acompañan			
Completa frases			
Comprende textos sencillos			
Reconstruye pequeñas poesías desordenadas			
Distingue palabras que sólo cambian en una letra: bota, bata...			
Lee la letra mayúscula			
Lee la letra minúscula			
Observa la letra de imprenta			
EXPRESIÓN ESCRITA: preescritura y escritura			
Sabe hacer líneas horizontales, verticales e inclinadas			
Dibuja líneas rectas, curvas y pregrafías			
Copia su nombre			
Copia una frase sencilla			
Escribe el nombre sin modelo			
Escribe letras sin correspondencia (sentido)			
Escribe vocales o consonantes con correspondencia sílaba-grafía			
Reproduce las grafías correctas			
Conoce casi todas las letras			
Conoce todas las letras			
Confecciona palabra con letras móviles			
Escribe listas de nombres: amigos, personajes, cuentos, ingredientes de una receta...			

→

Escribe el título de un texto, cuento, poesía, canción...			
Escribe textos memorizados, pareados, poesías...			
Escribe pequeños textos al pie de las ilustraciones			
Dicta un pequeño texto al profesor			
Escribe lo que le dicta el maestro			
Escribe un cuento conocido			
Escribe un cuento con final alternativo			
Lee y contesta a preguntas concretas			
Repasa, relee, corrige y evalúa lo que está escrito			
Sabe pasar a limpio			
Escribe textos breves originales			
Escribe con letra mayúscula			
Escribe con letra manuscrita			

EVALUACIÓN Y POSTEVALUACIÓN DE CONTENIDOS

POSTEVALUACIÓN DEL LENGUAJE VERBAL

Itinerarios Complementarios para atender a la Diversidad

	EL NOMBRE	
	Propio	Común
OBJETIVOS	➢ Identificarse como individuo. ➢ Reconocer su nombre en distintas situaciones (casa/escuela). ➢ Aprovechar el sentido emocional y de identificación del nombre propio (firmar). ➢ Observar cómo con los nombres de los niños de la clase se confecciona el Abecedario. ➢ Descubrir el orden y variedad de letras y sonidos de los nombres. ➢ Visualizar los nombres de sus compañeros escritos en cartoncitos. La maestra los va pasando y ellos los leen, primero con ayuda de su foto y después sin foto.	➢ Iniciar el proceso de escritura espontánea. ➢ Aprovechar la creatividad frente al modelo inalterable del nombre propio. ➢ Favorecer el aumento de vocabulario básico. ➢ Conocer formas gráficas convencionales e iniciarse en su valor sonoro.
ACTIVIDADES Nivel A	• Reconocer su nombre en el colgador, en la mesa, bata, etc. • Repasar en papel las letras de su nombre. • Repasar su nombre punteado. • Recortar letras de los titu-	• Visualizar los nombres más comunes y escribirlos en cartones. • La maestra va pasando los cartoncitos y ellos van leyendo. • Primero tendrán soporte visual y después no.

© narcea, s.a. de ediciones 215

	Propio	Común
ACTIVIDADES Nivel A	lares y reunir las que son iguales. • Facilitarle su nombre en un cartoncito para copiarlo y firmar. • Dibujar a su compañero y que éste le escriba su nombre propio. • Modelar con plastilina las letras de su nombre. • Distinguir las letras de su nombre entre otras dadas.	• Buscar en un listado nombres que empiecen por una letra determinada. • Repasar en una lista de nombres una letra determinada. • Confeccionar nombres con letras móviles. • Dictado de nombres sencillos y conocidos. • Escribir un nombre largo y otro corto.
ACTIVIDADES Nivel B	• Asociar las fotos de los compañeros con su nombre y leerlo. • Dibujar a algunos compañeros y escribir su nombre y leerlo. • Escribir su nombre en los trabajos. • Escribir nombres largos y cortos. • Asociar los nombres que tengan la misma letra o sonido común. • Recortar de titulares las letras de sus nombres.	• Buscar en un listado, nombres que empiecen y acaben por una letra determinada. • Identificar un nombre que se repita en un texto. • Emparejar un nombre de un animal con su onomatopeya. • Confeccionar nombres con letras móviles (recortados de periódicos, revistas, etc.). • Dictado de nombres más complejos silábica y fonéticamente y leerlos. • Escribir el nombre de un animal grande o pequeño.
ACTIVIDADES Nivel C	• Escribir el nombre propio, identificar las letras y sonidos comparándolos con algunos nombres de compañeros.	• Buscar en un cuento palabras que empiecen y acaben por una letra determinada. • Asociar nombres con dibujos correspondientes.

	Propio	Común
ACTIVIDADES Nivel C	• Escribir cartas (sobres con el nombre). • Recortar de titulares las letras y confeccionar otros nombres fuera del aula (profesores y familiares). • Jugar a completar nombres. • Leer los nombres de la lista de su clase. • Escribir o confeccionar los nombres de los personajes televisivos preferidos. • Reconocer y copiar nombres propios de un cuento.	• Emparejar el mismo nombre escrito en distintos grafismos. • Dictado mudo (mostrando una imagen clara de un solo objeto) y ellos escribirán el nombre. • Escribir nombres que tengan la sílaba inicial igual.
GRUPO CLASE	• En lugar de pasar lista de asistencia, tener dibujada una casa y una escuela con velcro y la foto y nombre de cada alumno en un cartón/tela. Cuando entran en clase cada alumno coge su nombre y lo pega en la escuela y al salir al revés, lo pasa de la escuela a casa. • También se pueden colocar cajas de cerillas con el nombre de los niños encima y dentro de la caja su foto. Al llegar al colegio el niño abre la caja y visualiza su foto. Al marchar cierra su casita. • Observando las cajitas podremos contar las cerradas y saber así cuántos alumnos faltan.	

LISTAS	
OBJETIVOS	➢ Valorar la funcionalidad de las listas: localizar, recordar y clasificar. ➢ Descubrir la disposición gráfica vertical: la columna. ➢ Incentivar la colaboración (trabajar en parejas).
ACTIVIDADES Nivel A	• Confeccionar una lista con nombres dados y copiarlos en columna. Ej.: cosas que pedimos a los Reyes Magos, frutas, animales *(al principio las letras pueden ser ininteligibles)*. • A partir de una lista dada, marcar las palabras que empiecen por una letra determinada. • Confeccionar la lista de sus amigos.
ACTIVIDADES Nivel B	• Confeccionar una lista a partir de nombres variados que ellos deben clasificar. Ej.: separar animales de frutas, juguetes de prendas de vestir. • Entresacar de una lista dada los nombres que acaben en una determinada letra. • Confeccionar la lista de los niños que faltan o se quedan al comedor.
ACTIVIDADES Nivel C	• Confeccionar una lista de: personajes de los cuentos, programas de TV, de lo necesario para ir de excursión, ingredientes de una receta, de los libros de su biblioteca, etc. • Entresacar de una lista dada los nombres de objetos que no pertenezcan al mismo campo semántico. Ej.: cebolla, patata, tomate, manzana, perro. Todos son alimentos menos uno.
GRUPO CLASE	• Confeccionar una lista de: las canciones que cantan, los juegos del patio, los cuentos que prefieren, las fiestas, las excursiones.

EVALUACIÓN Y POSTEVALUACIÓN DE CONTENIDOS

TÍTULOS

OBJETIVOS	➣ Conocer la utilidad de los títulos como identificador de textos y expresión de su contenido. ➣ Permitir el paso de la escritura de nombres a la de sintaxis. ➣ Asimilar la separación de palabras.
ACTIVIDADES Nivel A	• Repasar el título de un cuento. • Repasar el título de una poesía, canción, adivinanza. • Emparejar el título de un cuento con el dibujo del personaje. • Pintar un título dado para el mural. • Poner título a un dibujo propio. • Copiar cada palabra de un título con distinto color.
ACTIVIDADES Nivel B	• Copiar el título de un cuento. • Copiar el título de una poesía, canción, adivinanza... • Hacer corresponder el título con el texto del cuento. • Recortar y pegar algunos títulos de revistas. • Poner título a unas imágenes dadas. • Recortar letras de revistas y componer un título dado.
ACTIVIDADES Nivel C	• Inventar el título de un cuento. • Buscar otro título a una poesía, canción, adivinanza. • Hacer corresponder el título con una poesía/canción. • A partir de un título recortado por palabras, ordenarlo. • Pasar de letra mayúscula a minúscula o viceversa. • Poner títulos a unas imágenes de revistas o periódicos.
GRUPO CLASE	• Explicar un cuento y adivinar el título. • Dado un título inventar o explicar el cuento o escribirlo. • Adivinar la palabra que falta a un título (recoger las propuestas de todos).

→

CUENTOS

OBJETIVOS	➤ Estimular la expresión oral y escrita. ➤ Favorecer la creatividad, la desinhibición, la fantasía. ➤ Iniciarse en la expresión oral y escrita con un orden. ➤ Habituarles a prestar atención, al silencio y a la participación.
ACTIVIDADES Nivel A	• Favorecer la estructuración mental, resumir y captar las ideas principales. • Enumerar personajes. • Buscar letras concretas de una página dada de un cuento. • Dibujar lo que han entendido del cuento. • Explicar un cuento con soporte visual. • Ante el dibujo de un personaje, adivinar el cuento.
ACTIVIDADES Nivel B	• Identificar el personaje principal. • Seguir el hilo argumental. • Memorizar fórmulas de inicio y fin de los cuentos. • Escribir el nombre de los personajes del cuento. • Asociar el nombre de los personajes con el dibujo. • Cambiar el final de un cuento.
ACTIVIDADES Nivel C	• Aprender la estructura del cuento (inicio, nudo, desenlace). • A partir de un inicio del cuento, continuarlo. • Secuenciar un cuento en viñetas. • Confeccionar un cuento (texto y dibujo) formato, acordeón o bloc de notas. • Leer un cuento muy cortito.
GRUPO CLASE	• Representar un cuento. • Explicar un cuento substituyendo el nombre de los animales por su onomatopeya.

6. Control fonético

Cada vez son más los maestros que manifiestan su preocupación por el lenguaje de los alumnos recién llegados a la escuela. Hay que tener presente que la escolarización se lleva a cabo actualmente en estadios menos avanzados.

A los tres años de edad hay una variedad de perfiles lingüísticos en los niños que pueden desorientar al docente.

El abanico va desde niños que tienen un habla bien estructurada y articulada a niños que se expresan con un vocabulario muy reducido, con frases muy pobres en cuanto a estructuración y con una reducción fonética clara. En estas etapas hay que diferenciar si se trata de un simple retraso del desarrollo lingüístico o de un trastorno.

Los maestros pueden prevenir y estimular el desarrollo lingüístico actuando desde el entorno natural. Observando las producciones lingüísticas de los pequeños, cuando alguno se expresa de forma incorrecta o incompleta, es adecuado repetir su producción poniendo énfasis en los aspectos deficitarios.

Por ejemplo, si el niño o la niña dice: «Luele cuelo», la maestra de forma clara y pausada puede repetir «¿te duele el cuello?» Comprobando el grado de atención auditiva hacia los estímulos más relevantes. Se pueden realizar éstas y otras actividades que ayuden a desarrollar la percepción auditiva o a diferenciar fragmentos musicales o juegos en los que hay que discriminar sonidos del entorno. No está de más reservar un espacio para este tipo de ejercicios.

También es importante favorecer el desarrollo de la articulación a través de actividades funcionales como la masticación. Muchas familias retrasan la introducción de alimentos duros en la dieta de sus hijos y éste es un error que pasa factura a corto o largo plazo. Con los alimentos blandos los niños han de hacer pocos esfuerzos. Ante un alimento duro como un bocadillo, el niño debe realizar una serie de praxis que no se repiten de forma natural en ningún otro contexto. En el proceso de masticación y deglución se activan los músculos bucinadores y maseteros; la lengua hace movimientos rotatorios y peristálticos. La fuerza y coordinación implícita de estos músculos en la alimentación es previa y básica para el desarrollo del maxilar, el dentario (problemas de caries, de implantación dentaria...) y la posterior articulación.

El maestro también puede colaborar observando aspectos sencillos como el uso del chupete. Es desaconsejable utilizarlo cuando el niño empieza a ir a la escuela.

Hay que ponerse en alerta y consultar al especialista cuando los errores de articulación son persistentes y cuando se detectan pocos cambios en la ampliación de vocabulario de la LMF (longitud media de la frase).

Por último no hay que olvidar que es preciso prevenir, para evitar reeducar, y tener en cuenta que los errores fluctuantes forman parte de la evolución. Es frecuente encontrarse con niños que tienen dificultades en la pronunciación, a veces en un solo fonema, otras veces en más de uno y que presentan un habla confusa. También tienen complicaciones a la hora de escribir, escriben como pronuncian y la escritura es deficitaria. Por ello es bueno pasarles Controles Fonéticos, como los que incluimos a continuación, para evaluar el lenguaje espontáneo y el lenguaje repetitivo. Evaluaremos también la discriminación, con palabras que difieren en un solo fonema, para lo cual ofrecemos pruebas que pueden servir como modelo.

Otro aspecto interesante es ver si falla el fonema del principio de palabra o uno intermedio o uno final. Para facilitarlo hemos dispuesto una selección de dibujos para que el alumno los nombre espontáneamente y una lista de palabras que deberá repetir (el maestro las pronuncia en voz clara y el alumno las repite). En forma muy sencilla, utilizaremos las palabras que difieren de un solo fonema.

Si vemos que las dificultades nos sobrepasan, derivaremos al alumno a un centro de logopedia. También podemos realizar actividades lúdicas que potencien el soplo para favorecer la fuerza de orbiculares, bucinadores y ejercicios de praxias en forma de juegos o cuentos a nivel de grupo,

CONTROL FONÉTICO

ya que para todos es bueno este tipo de ejercicios. Incluimos varios Juegos y Cuentos con este fin. Si lo hacemos sistemáticamente ayudaremos a superar las dificultades más comunes de los diferentes fonemas. Ejemplos: s, d, r, ll que suelen darse en muchos alumnos de estas edades.

PRUEBA DE CONTROL FONÉTICO (Lenguaje Repetitivo)

Nombre y apellidos ....

Edad .... Fecha de exploración ....

	Posición			Espontáneo*	Repetido**
	inicial	media	final		
Casa, vaca, bicicleta					
Foca, sofá, fresa					
Zapato, cereza, once, pez					
Sol, mesa, pastel, casas					
Jamón, ojo, naranja, reloj					
Chocolate, fecha, plancha					
Llave, valla, lluvia					
Lápiz, maleta, isla, col					
Pera, barco, mar					
Rosa, gorro, árbol					
Mano, tomate, caramelo					
Nube, peine, tren					
Caña, castaña, piña					
Vaca, huevo, árbol					
Pollo, copa, plato, stop					
Dado, dedo, piedra					
Tomate, pato, tren					
Gato, paraguas, globo					

* *El alumno pronuncia lo que ve gracias al soporte visual de los dibujos.*
** *El maestro lee primero las palabras, después el alumno las repite.*

© narcea, s.a. de ediciones

EVALUACIÓN Y POSTEVALUACIÓN EN EDUCACIÓN INFANTIL

PRUEBA DE CONTROL FONÉTICO (Lenguaje Espontáneo)

224 © narcea, s.a. de ediciones

CONTROL FONÉTICO

EVALUACIÓN Y POSTEVALUACIÓN EN EDUCACIÓN INFANTIL

CASTAÑA   PIÑA

CONTROL FONÉTICO

PRUEBA DE PAREJAS DE PALABRAS QUE DIFIEREN EN UN SOLO FONEMA (Lenguaje Repetitivo)			
		Discriminar sonidos*	Espontánea**
Mapa-mata	P – T		
Pino-vino	P – V		
Peso-queso	P – K		
Capa-cama	P – M		
Haba-hada	B – D		
Bota-gota	B – G		
Cabello-camello	B – M		
Bata-vaca	T – K		
Fuma-suma	F – S		
Cala-cara	L – R		
Col-gol	K – G		
Baña-valla	Ñ – LL		

* Primero lee el maestro después el alumno señala el dibujo correspondiente.
** El alumno pronuncia espontáneamente.

PRUEBA DE PAREJAS DE PALABRAS (Lenguaje Espontáneo)

/p//t/ MAPA	MATA	/b//g/ BOTA	GOTA
/p//b/ PINO	VINO	/b//m/ CABELLO	CAMELLO
/p//k/ PESO	QUESO	/t//k/ BATA	VACA
/p//m/ CAPA	CAMA	/f//s/ FUMA	SUMA
/k//g/ COL	GOL	/ñ//ll/ VALLA	BAÑA
/b//d/ HABA	HADA	/l//r/ CALA	CARA

Juegos para corregir las dificultades del habla

Juegos de imitación

A través de *juegos de imitación* podemos ir trabajando las diferentes praxias.

Praxias de labios y mejillas:

- Abrir y cerrar la boca.
- Mover la mandíbula inferior en sentido lateral.
- Enseñar los dientes.
- Sonreír alargando al máximo la boca.
- Enseñar los dientes apretados y mover los labios.
- Hinchar las mejillas.
- Hinchar la mejilla derecha.
- Hinchar la mejilla izquierda.

Praxias de lengua.

- Sacar la lengua.
- Sacar la lengua hacia la izquierda.
- Sacar la lengua hacia la derecha.
- Sacar la lengua hacia arriba.
- Doblar la lengua hacia atrás.
- Lamerse el labio superior.
- Lamerse el labio inferior.
- Lamer una piruleta distante.
- Lamerse los dientes.
- Mover la lengua en sentido rotativo dentro de la cavidad bucal.

Cuentos para corregir las dificultades del habla

Cuentos mímicos

- ✓ Objetivos:
    - Recuperación.
    - Trabajar la fonética.
    - Praxias de labios y mejillas.
- ✓ Material:
    - Espacio libre para dibujar en el suelo un rectángulo o círculo grande que representará la alfombra.
- ✓ Desarrollo:
    - El maestro explicará despacio y vivirá los cuentos con los alumnos a la vez que observará sus gestos.

CUENTO A

1. Iniciamos el cuento haciendo un corro y cogidos de la mano damos un par de vueltas *(mientras el maestro dice misteriosamente)*:

«Érase que se era, una alfombra mágica, un regalo que nos han dejado los gnomos de los cuentos. Vamos a montarnos en ella. Preparados: uno, dos, tres... ¡ya! *(todos dan un salto y quedan dentro del rectángulo o círculo).*

Muy bien, todos sentaditos, atención al despegue *(extendemos los brazos imitando un avión)*... Ya subimos, más y más... Pasamos entre unas nubes muy grandes y blancas como la nieve (nos balanceamos).

Atención que estamos bajando, bajando *(nos tumbamos)* ¡Ya hemos aterrizadooooo! *(nos levantamos)* ¡Qué bien! Estamos en la granja de Pipo y Pipa (aplaudimos).

2. Vamos a visitar a sus amigos *(hacemos un giro completo)*.

Aquí tenemos a un elegante caballo trotando *(imitamos el trote)*. Se para y nos saluda *(movemos la cabeza arriba y abajo un par de veces)*. Está tan contento de vernos que nos enseña sus dientes blancos y grandotes *(reír enseñando los dientes)*. Aquí está la vaquita Morenota; está muy callada, está rumiando *(mover la mandíbula inferior en sentido lateral)*. La vaquita está masticando *(imitamos de nuevo)* su comida una y otra vez.

Vamos a dejarla tranquila *(damos un giro o un par de vueltas)*. Mirad quién viene saltando *(imitamos los saltos)*, la monita Tatí, muy traviesa nos saluda sonriendo *(sonreír alargando al máximo la boca)*. Vamos, vamos todos a sonreír *(seguimos imitando)*.

Y ahora llega brincando el monito Tití *(brincamos)*. Tití está intranquilo, enseña sus dientes apretados y mueve los labios *(imitamos)*. Quiere que le sigamos. Vayamos con él *(damos una vuelta)* y veremos qué ocurre en su charca. ¡Chap, chop, chap! *(imitamos el chapoteo)*.

Mirad, hay muchos peces de colores, abren y cierran su boca, como si cantaran *(imitamos)*. ¡Qué bonitos son! *(seguimos imitando)*.

Tatí se ríe *(alargamos al máximo la boca)*. ¿Por qué se reirá? *(imitamos de nuevo)*. Nos señala a su amiga la señora rana que nos saluda hinchando sus mejillas *(imitamos)*. Tiene a sus compañeras, dos ranitas que nos saludan hinchando sus mejillas ahora la derecha y ahora la izquierda (imitamos).

Se hace tarde... volvemos a la alfombra mágica (damos una vuelta). Subimos *(damos un salto)* despegamos *(nos sentamos)* y ¡a volar! *(movemos los brazos)* hasta llegar al cole *(nos estiramos)*.

¡Un, dos, tres, en clase otra vez! *(aplaudimos)*.

CUENTO B

Lo mismo que el cuento A, desde el principio hasta la composición de lugar del punto 2.

«—Hoy visitamos a la gata Minina que ha tenido gatitos. Los está acariciando con su lengua, los va lamiendo uno a uno *(imitamos, lamiendo a distancia)*. Está contenta con sus gatitos, ahora descansa lamiéndose sus labios secos. Primero arriba, después abajo, así *(imitamos)*. Otra vez así... *(imitamos de nuevo)*.

Junto a Minina está su vecino el perro Guá. Está cansado *(sacar la lengua)* de tanto corretear y jugar con sus amigos, muy cansado está el perrito Guá *(volver a sacar la lengua)*.

¡Qué divertido! ¡Mirad! La culebrita quiere alcanzar una linda mariposa que revolotea alrededor de su cabecita y ... saca su lengua hacia la derecha *(imitamos)* y hacia su izquierda *(imitamos)*. Nada, no lo consigue. Ahora hacia arriba y hacia abajo *(imitamos)*. Tampoco, la mariposa sigue revoloteando. Prueba otra vez, derecha, izquierda, arriba y abajo *(imitamos)*. La culebrita se cansa de este juego y dobla la lengua hacia atrás *(imitamos)* cuatro veces, una, dos, tres y cuatro para relajarse.

Finalmente visitamos a Tico, el mico saltarín. Ahora acaba de comerse muchas bananas porque está lamiéndose los dientes así *(imitamos)*, claro, él no usa cepillo. Mirad, lo hace muy bien, primero se lame los dientes *(imitemos)* y luego se limpia la boca por dentro moviendo la lengua así *(la movemos en sentido rotativo dentro de la cavidad bucal)*.

¡Adiós *(imitemos)* mico Tico!».

7. Informes a las familias

Ante la necesidad de informar a las familias de los avances de sus hijos e hijas, ofrecemos un *Modelo de Informe,* con este fin, para cada uno de los niveles de Educación Infantil: P-3, P-4 y P-5. En ellos se recoge:

- La *asistencia y puntualidad.* Es necesario que los padres den importancia a esta etapa y que sean conscientes de que sus hijos no pueden faltar a la escuela y que deben llegar puntualmente.
- El *perfil del alumno,* es decir su estado emocional, la actitud ante los compañeros y ante el maestro; ante el juego y frente a las dificultades.
- Los *hábitos:* de limpieza, de autonomía, de convivencia y de adaptación.
- Las diferentes *áreas de conocimiento.* Intercomunicación y lenguajes: verbal y matemático; musical y plástico.

Al hacer la descripción de los datos a valorar, hemos incluido aquellos que entendemos no pueden dejar de ser valorados. No obstante, la enumeración debe ser abierta de tal manera que cada maestra o maestro puede incluir aquellos aspectos que considere de interés en estos Informes.

Finalmente pondremos unas Tablas Registro en el último curso de Educación Infantil para poder visualizar el nivel del grupo clase. Es una información útil que nos permite reflexionar para posteriores evaluaciones y también para que los nuevos tutores ya en Educación Primaria conozcan estos aspectos de sus alumnos.

INFORME A LA FAMILIA
EDUCACIÓN INFANTIL P-3

Curso: ....

Alumno: ....

Informes: | 1er Cuatrimestre | | 2º Cuatrimestre | |

Poner una cruz en el primer recuadro, referente al primer cuatrimestre y en el segundo para el otro cuatrimestre.
Usar siempre, **S**: *superado* **M**: *superado a medias* **N**: *no superado*

ASISTENCIA

	Es puntual		Asiste siempre
	Poco puntual		Falta poco
	Llega tarde		Falta mucho

PERFIL DEL ALUMNO

Estado emocional **Actitud ante los compañeros**

	Alegre		Tranquilo		Es sociable con todos
	Triste		Movido		Le cuesta hacer amigos
	Dominante		Seguro		Es aceptado
	Tolerante		Inseguro		Se aísla
	Pasivo		Espontáneo		Busca compañía
	Activo		Vergonzoso		Se pelea
	Cariñoso		Arisco		Se relaciona con un/a niño/a

Actitud ante el maestro

- [ ] Obediente
- [ ] Desobediente
- [ ] Comunicativo
- [ ] Reservado
- [ ] Colaborador
- [ ] Dependiente
- [ ] Independiente
- [ ] Sensible a los avisos
- [ ] Indiferente a la censura
- [ ] Llama la atención
- [ ] Pide ayuda

Actitud ante el juego

- [ ] Juega solo
- [ ] Molesta a los compañeros
- [ ] Sabe entretenerse en cualquier cosa
- [ ] Participa en juegos colectivos
- [ ] Prefiere juegos movidos
- [ ] Juega siempre con los mismos
- [ ] Creativo en sus juegos
- [ ] Es sumiso a los compañeros
- [ ] Se aísla
- [ ] Juega con un/a compañero/a
- [ ]

Actitud frente a las dificultades

- [ ] Llora
- [ ] Pide ayuda
- [ ] Busca soluciones
- [ ] Queda indiferente
- [ ] Se enfada y destroza
- [ ] Se enfada y abandona
- [ ] Se bloquea

HÁBITOS

DE LIMPIEZA	Informe 1	Informe 2
Es limpio y pulcro		
Ordenado en sus cosas		
Ordenado en material colectivo		
Controla esfínteres		
Independiente a la hora del WC		
Percibe la necesidad de sonarse		
Intenta sonarse		
Se lava las manos		
Se limpia cuando se ha ensuciado		
Sabe tirar la cadena		
DE AUTONOMÍA	Informe 1	Informe 2
Es capaz de ponerse y quitarse prendas de vestir		
Es capaz de ponerse los zapatos		
Sabe abrocharse con velcro		
Es capaz de poner el pie dentro de los calcetines		
Es responsable de sus objetos personales		
Se desplaza con soltura		
Se inicia en la capacidad de decisión y elección		
Sabe clarificar su postura en una elección		
DE CONVIVENCIA	Informe 1	Informe 2
Sabe trabajar sin molestar a sus compañeros		
Sabe compartir sus objetos personales		
Es receptivo a los problemas de su entorno		
Es capaz de ayudar a los compañeros		
Evita las peleas		

Resuelve problemas con el diálogo		
Colabora en la decoración del entorno		
Sabe respetar las cosas de los demás		
Es educado		
Sabe respetar las normas de convivencia		
Utiliza correctamente el agua (cierra grifos...)		
Habla bajito en clase		
DE ADAPTACIÓN	Informe 1	Informe 2
Llora al entrar en la clase		
Le cuesta separarse de la familia		
Viene contento a la escuela		

DESCUBRIMIENTO DE UNO MISMO

	Informe 1	Informe 2
Es ágil		
Sabe saltar con un pie		
Manifiesta equilibrio		
Conoce las partes principales de su cuerpo		
Controla sus sentimientos		
Se orienta en el espacio		
Explicita las sensaciones de hambre, sueño, sed...		
Tiene buena coordinación manual		
Es capaz de mostrar emociones, preferencias...		
Utiliza el lenguaje corporal		

→

DESCUBRIMIENTO DEL ENTORNO NATURAL Y SOCIAL

	Informe 1	Informe 2
Reconoce a los compañeros de clase		
Conoce a los adultos que le rodean		
Conoce a los miembros más próximos de su familia		
Explica vivencias personales		
Muestra curiosidad por lo que le rodea		
Relaciona lo que estudia con las vivencias personales		
Participa en las actividades que se proponen		
Respeta las normas de clase		

INTERCOMUNICACIÓN Y LENGUAJES

LENGUAJE VERBAL		
Expresión y comprensión oral	Informe 1	Informe 2
Es capaz de escuchar cuentos		
Se expresa de forma coherente		
Imita onomatopeyas		
Articula bien los sonidos		
Estructura bien las frases		
Memoriza y recita pareados		
Escucha y sigue un diálogo		
Comprende órdenes sencillas		
Contesta a preguntas de comprensión cerrada		

	Informe 1	Informe 2
Contesta a preguntas de comprensión abiertas		
Recuerda y explica sus vivencias		
Comprensión y expresión escrita	Informe 1	Informe 2
Diferencia entre letras y números		
Mira cuentos de la clase		
Interpreta logotipos y símbolos gráficos		
Hace lectura de imágenes		
Reconoce el propio nombre		
Sabe hacer líneas verticales y horizontales		
Dibuja una cruz		
Dibuja círculos		
Copia alguna letra de su nombre		
Copia su nombre		
Escribe su nombre		
Escribe algunas palabras		

→

LENGUAJE MATEMÁTICO		
	Informe 1	Informe 2
Reconoce los colores básicos		
Reconoce el círculo, cuadrado y triángulo		
Diferencia grande de pequeño		
Clasifica objetos según su uso		
Diferencia dentro en vez de fuera		
Diferencia arriba en vez de abajo		
Diferencia encima en vez de debajo		
Diferencia pocos en vez de muchos		
Reconoce el valor de los números: 1-2-3		
Realiza las grafías del 1-2-3		
LENGUAJE MUSICAL		
	Informe 1	Informe 2
Le gusta cantar		
Sigue diferentes ritmos		
Aprende sencillas canciones		
Le gustan las danzas		
Escucha audiciones musicales		
LENGUAJE PLÁSTICO		
	Informe 1	Informe 2
Modela plastilina y barro		
Puntea (con punzón) dentro y fuera de un círculo		
Hace encajes (puzzles)		
Realiza juegos de construcción		
Recorta papel con los dedos		
Hace bolitas de papel seda		

Pinta con los dedos		
Pinta con el pincel		
Pinta con rotuladores, colores		
Sujeta correctamente el lápiz		
Sabe utilizar las tijeras		
Es creativo con sus dibujos		
Es capaz de sintetizar una idea con el dibujo		

OBSERVACIONES
....
....
....
....

Firma del tutor	1.er informe	
	2.º informe	
Firma de la familia	1.er informe	
	2.º informe	

EVALUACIÓN Y POSTEVALUACIÓN EN EDUCACIÓN INFANTIL

INFORME A LA FAMILIA
EDUCACIÓN INFANTIL P-4

Curso: ....

Alumno: ....

Informes: | 1er Cuatrimestre | | 2º Cuatrimestre | |

Poner una cruz en el primer recuadro, referente al primer cuatrimestre, y en el segundo para el otro cuatrimestre.
Usar siempre, **S**: *superado* **M**: *superado a medias* **N**: *no superado*

Asistencia

☐☐ Es puntual   ☐☐ Asiste siempre

☐☐ Poco puntual   ☐☐ Falta poco

☐☐ Llega tarde   ☐☐ Falta mucho

PERFIL DEL ALUMNO

Estado emocional   **Actitud ante los compañeros**

☐☐ Alegre   ☐☐ Tranquilo   ☐☐ Tiene muchos amigos

☐☐ Triste   ☐☐ Movido   ☐☐ Tiene un grupo reducido

☐☐ Dominante   ☐☐ Seguro   ☐☐ Es aceptado

☐☐ Tolerante   ☐☐ Inseguro   ☐☐ Se pelea

☐☐ Activo   ☐☐ Espontáneo   ☐☐ Se aísla

☐☐ Pasivo   ☐☐ Vergonzoso   ☐☐ Pacificador del grupo

☐☐ Agresivo   ☐☐ Intranquilo   ☐☐

☐☐ Maduro   ☐☐   ☐☐

© narcea, s.a. de ediciones

INFORMES A LAS FAMILIAS

Actitud ante el maestro

☐ Abierto y comunicativo
☐ Pide ayuda
☐ Llama la atención
☐ Sensible a los avisos
☐ Indiferente a la censura
☐ Colaborador
☐ Desobediente
☐ Tímido
☐ Obediente
☐ Dependiente
☐ Independiente
☐

Actitud ante el trabajo

☐ Trabaja con regularidad
☐ Sigue el ritmo de la clase
☐ Variable en el trabajo
☐ Muestra iniciativa
☐ Entusiasta con su trabajo
☐ Molesta a sus compañeros
☐ Termina sus trabajos
☐ Es rápido
☐ Es lento
☐ Se distrae con facilidad
☐ Trabaja con desgana
☐ Colaborador

Actitud ante el juego

☐ Juega solo
☐ Juega con un grupo reducido
☐ Juega con todos
☐ Es líder en el juego
☐ Le cuesta aceptar las normas

☐ No sabe perder
☐ Acepta la derrota
☐ Respeta el juego de los otros
☐ Molesta a los compañeros
☐

© narcea, s.a. de ediciones

243

HÁBITOS

	Informe 1	Informe 2
Cuidadoso con el entorno		
Ordenado en sus cosas personales		
Limpio y pulcro con su mesa de trabajo		
Deja la silla bien colocada		
Hace un buen uso de la papelera		
Utiliza correctamente el material colectivo		
Colaborador en los aspectos de la clase		
Se mueve ordenado dentro del aula		
Es capaz de colocarse y quitarse prendas de abrigo		
Comparte sus cosas personales		
Sabe escuchar y utilizar los avisos		
Hace ver que escucha sin aprovechar el mensaje		
Sabe esperar su turno de palabra		
Participa activamente en la clase		
Ayuda a los demás		

DESCUBRIMIENTO DE UNO MISMO

	Informe 1	Informe 2
Es ágil		
Sabe saltar con un pie (a la pata coja)		
Manifiesta equilibrio		
Tiene movimientos armónicos		
Sabe hacer volteretas		
Sabe abrochar y desabrochar botones		

Sabe botar la pelota		
Tira y coge la pelota con dos manos		
Sube y baja escaleras alternando los pies		
Conoce las partes de su cuerpo		
Controla sus sentimientos		
Es hábil con la mano dominante		

DESCUBRIMIENTO DEL ENTORNO NATURAL Y SOCIAL

	Informe 1	Informe 2
Es observador		
Recuerda lo que se explica		
Le gusta la experimentación		
Sabe mantener un diálogo sobre un tema de su entorno		
Hace preguntas sobre el tema que se trabaja		
Comparte con sus compañeros las experimentaciones		
Muestra interés por el entorno inmediato y lejano		
Relaciona lo que estudia con las vivencias personales		

→

INTERCOMUNICACIÓN Y LENGUAJES

LENGUAJE VERBAL

Expresión y comprensión oral	Informe 1	Informe 2
Es capaz de escuchar al maestro y compañeros		
Se expresa de forma coherente y comprensiva		
Comprende órdenes orales sencillas		
Utiliza vocabulario básico		
Habla correctamente según la edad		
Memoriza y recita pareados, poemas y adivinanzas		
Narra en orden las acciones de un día		
Estructura bien las frases		
Expresa oralmente noticias, ideas y vivencias		
Es capaz de hacer descripciones		
Lee alguna palabra		
Lee frases sencillas		
Comprensión y expresión escrita	**Informe 1**	**Informe 2**
Hace hipótesis sobre lo que está escrito a partir de imágenes		
Reconoce su propio nombre		
Reconoce el nombre de los compañeros		
Reconoce y reproduce vocales y consonantes		
Reconoce palabras trabajadas		
Agarra correctamente el lápiz		
Copia pequeñas frases		
Es capaz de reconocer la funcionalidad de la lectoescritura		
Escribe alguna palabra libremente		

LENGUAJE MATEMÁTICO		
	Informe 1	Informe 2
Reconoce los colores, las formas básicas y los tamaños		
Ejecuta tres órdenes seguidas		
Sabe ordenar y clasificar		
Realiza series de dos elementos		
Sabe ordenar de pequeño a grande		
Conoce los conceptos: delante/detrás		
Conoce los conceptos: lejos/cerca		
Conoce los conceptos: un lado/otro lado		
Conoce los conceptos: grueso/delgado		
Conoce los conceptos: lleno/vacío		
Reconoce la grafía del 0 al 5		
Conoce el valor de los números trabajados		
Domina la grafía de los números trabajados		
Se inicia en sencillas sumas horizontal/vertical		
Se inicia en el concepto de resta		
Realiza problemas de cálculo mental que no superan el 5 (sumar y/o restar)		
Tiene noción de los días de la semana.		
LENGUAJE MUSICAL		
	Informe 1	Informe 2
Escucha con atención audiciones musicales		
Sigue diferentes ritmos		
Le encanta cantar		
Memoriza canciones		
Le gusta danzar		

→

LENGUAJE PLÁSTICO		
	Informe 1	Informe 2
Copia o imita dibujos		
Su trabajo es creativo		
Es muy detallista		
Representa gráficamente el esquema corporal		
Pinta los objetos del color que le corresponde		
Utiliza correctamente los útiles de trabajo: pinceles, pinturas, lápices...		
Manifiesta habilidad manual para modelar, para encajes, murales ...		

OBSERVACIONES

....
....
....
....

Firma del tutor	1.er informe	
	2.º informe	
Firma de la familia	1.er informe	
	2.º informe	

INFORME A LA FAMILIA
EDUCACIÓN INFANTIL P-5

Curso: ....

Alumno: ....

Informes: | 1.ᵉʳ Cuatrimestre | | 2.º Cuatrimestre | |

Poner una cruz en el primer recuadro, referente al primer cuatrimestre, y en el segundo para el otro cuatrimestre.
Usar siempre, **S**: *superado* **M**: *superado a medias* **N**: *no superado*

Asistencia y puntualidad

☐☐ Es puntual   ☐☐ Asiste siempre

☐☐ Poco puntual   ☐☐ Falta poco

☐☐ Llega tarde   ☐☐ Falta mucho

PERFIL DEL ALUMNO

Estado emocional   **Actitud ante los compañeros**

☐☐ Alegre   ☐☐ Tranquilo   ☐☐ Es sociable

☐☐ Activo   ☐☐ Movido   ☐☐ Le cuesta hacer amigos

☐☐ Dominante   ☐☐ Seguro   ☐☐ Es aceptado

☐☐ Tolerante   ☐☐ Maduro   ☐☐ Es líder

☐☐ Agresivo   ☐☐ Espontáneo   ☐☐ Tiene un grupo reducido

☐☐ Abierto   ☐☐ Tímido   ☐☐ Se pelea

© narcea, s.a. de ediciones

Actitud ante el maestro

☐☐ Abierto y comunicativo
☐☐ Pide ayuda
☐☐ Llama la atención
☐☐ Sensible a los avisos
☐☐ Indiferente a la censura
☐☐ Colaborador
☐☐ Espontáneo
☐☐ Tímido
☐☐ Obediente
☐☐

Actitud ante el trabajo

☐☐ Trabaja con regularidad
☐☐ Sigue el ritmo de la clase
☐☐ Busca soluciones
☐☐ Es limpio y pulcro
☐☐ Colaborador
☐☐ Molesta a sus compañeros
☐☐ Termina sus trabajos
☐☐ Es rápido
☐☐ Es lento
☐☐ Se distrae con facilidad

Actitud ante el juego

☐☐ Juega solo
☐☐ Juega con un grupo reducido
☐☐ Juega con todos
☐☐ Es líder
☐☐ Le cuesta aceptar las normas

☐☐ No sabe perder
☐☐ Acepta la derrota
☐☐ Respeta el juego de los otros
☐☐ Molesta a los compañeros
☐☐

INFORMES A LAS FAMILIAS

HÁBITOS

	Informe 1	Informe 2
Cuida su aspecto personal		
Ordena su material		
Cuida sus cosas		
Utiliza y cuida el material común		
Utiliza la papelera		
Colabora en mantener orden en la clase		
Sabe atender y escuchar		
Espera su turno de palabra		
Habla bajito para no molestar a los compañeros		
Participa en la clase		
Ayuda a los demás		
Es responsable con sus cargos		

DESCUBRIMIENTO DE UNO MISMO

	Informe 1	Informe 2
Es ágil		
Sabe saltar con un pie (a la pata coja)		
Manifiesta equilibrio		
Tiene movimientos armónicos		
Sabe hacer volteretas		
Sabe abrochar y desabrochar botones		
Sabe subir y bajar escaleras alternando los pies		
Conoce las partes de su cuerpo		
Controla sus sentimientos		

→

© narcea, s.a. de ediciones

DESCUBRIMIENTO DEL ENTORNO NATURAL Y SOCIAL

	Informe 1	Informe 2
Es observador		
Recuerda lo que se explica		
Le gusta la experimentación		
Es capaz de hacer predicciones sobre la experimentación		
Hace preguntas sobre el tema que se trabaja		
Tiene un vocabulario rico respecto al tema trabajado		
Muestra interés por el entorno inmediato y lejano		
Relaciona lo que estudia con las vivencias personales		
Es reflexivo y tiene lógica		

INTERCOMUNICACIÓN Y LENGUAJES

LENGUAJE PLÁSTICO		
Expresión y comprensión oral	Informe 1	Informe 2
Es capaz de escuchar cuentos, noticias y textos		
Se expresa de forma coherente y estructura bien las frases		
Utiliza vocabulario básico		
Articula correctamente los sonidos		
Memoriza y recita pareados, poemas y adivinanzas		
Narra en orden las acciones de un día		
Comprende lo que se le explica		
Explica noticias, ideas y vivencias		

INFORMES A LAS FAMILIAS

Comprensión y expresión escrita	Informe 1	Informe 2
Conoce los sonidos trabajados		
Sabe leer las palabras conocidas		
Sabe localizar los sonidos trabajados en las palabras		
Completa frases incompletas		
Comprende textos breves conocidos		
Se inicia en la lectura		
Resume la idea principal de un texto sencillo		
Tiene una direccionalidad correcta		
Agarra correctamente el lápiz		
Reproduce todas las grafías trabajadas		
Escribe lo que le dicta el maestro		
Escribe palabras y pequeñas frases (texto libre)		
Escribe con letra manuscrita (tipo ligada)		
Escribe con letra mayúscula (tipo palo)		

LENGUAJE MATEMÁTICO

	Informe 1	Informe 2
Reconoce los colores, las formas básicas y los tamaños		
Ejecuta tres órdenes seguidas		
Sabe ordenar y clasificar		
Ejecuta series de tres elementos		
Conoce los conceptos: muchos/pocos		
Conoce los conceptos: dentro/fuera		
Conoces los conceptos: ancho/estrecho		
Reconoce la grafía del 0 al 9		
Conoce el valor de los números		
Domina la grafía de los números		

→

© narcea, s.a. de ediciones

	Informe 1	Informe 2
Sabe realizar sencillas sumas (sin pasar de 9) horizontal/vertical		
Tiene el concepto de resta		
Realiza problemas de cálculo mental que no superen el 9 (sumar y/o restar)		
Tiene noción de los días de la semana.		
Conoce los meses del año y las estaciones		
Sabe medir con palmos, pesar en balanza y medir con un vaso el líquido		

LENGUAJE MUSICAL

	Informe 1	Informe 2
Escucha audiciones musicales		
Sigue diferentes ritmos		
Le encanta cantar		
Memoriza canciones		
Goza con las danzas		

LENGUAJE PLÁSTICO

	Informe 1	Informe 2
Su trabajo es creativo		
Es muy detallista		
Representa gráficamente el esquema corporal		
Pinta los objetos del color que le corresponde		
Utiliza correctamente los útiles de trabajo: pinceles pinturas, lápices, etc.		
Manifiesta habilidad manual para modelar, para encajes, murales. etc.		

OBSERVACIONES			
Firma del tutor	1.er informe		
	2.º informe		
Firma de la familia	1.er informe		
	2.º informe		

TABLA REGISTRO DE VALORACIÓN FINAL DE ETAPA
INFORME P-5
PERFIL DEL ALUMNO/A

Curso _____   Fecha de exploración _____

Alumnos	Estado emocional	Actitud ante los compañeros	Actitud ante el maestro	Actitud ante el trabajo	Actitud ante el juego
A25	9 ítemes	8 ítemes	10 ítemes	11 ítemes	8 ítemes

	Estado emocional								Actitud ante los compañeros						
	Alegre	Dominante	Tolerante	Agresivo	Abierto	Vergonzoso	Seguro	Espontáneo	Tranquilo	Sociable	Tiene dificultad para hacer amigos	Es aceptado por sus compañeros	Tiene un grupo reducido de amigos	Se pelea	Se aísla	Es líder	Busca compañía
Alumno 1																	
A2																	
A3																	
A4																	
A5																	
A6																	
A7																	
A8																	
A9																	
...																	
A25																	

TABLA REGISTRO DE VALORACIÓN FINAL DE ETAPA
INFORME P-5 *(Cont.)*

	Actitud ante el maestro									Actitud ante el trabajo								
	Comunicativo	Pide ayuda	Llama la atención	Sensible a los avisos	Indiferente al castigo	Colaborador	Espontáneo	Obediente	Desobediente	Tímido	Es muy trabajador	Trabaja con regularidad	Sigue el ritmo de la clase	Es limpio en su trabajo	Colaborador	Molesta a los compañeros	Siempre acaba las tareas	Muestra iniciativa propia	Es lento	Es rápido	Busca solución a los problemas
Alumno 1																					
A2																					
A3																					
A4																					
A5																					
A6																					
A7																					
A8																					
A9																					
A10																					
A11																					
A12																					
A13																					
A14																					
A15																					
A16																					
A17																					
A18																					
A19																					
A20																					
...																					
A25																					

© narcea, s.a. de ediciones

EVALUACIÓN Y POSTEVALUACIÓN EN EDUCACIÓN INFANTIL

TABLA REGISTRO DE VALORACIÓN FINAL DE ETAPA
INFORME P-5 *(Cont.)*

Actitud ante el juego							Alumnos*
Juega solo	Juega con un grupo reducido	Es líder	Le cuesta aceptar normas	No sabe perder	Acepta la derrota	Respeta el juego de los demás	Molesta a los compañeros
							Alumno 1
							A2
							A3
							A4
							A5
							A6
							A7
							A8
							A9
							A10
							A11
							A12
							A13
							A14
							A15
							A16
							A17
							...
							A25

* *Es interesante disponer los diferentes apartados y sus ítemes en un DIN A3 para poder obtener una comprensión global del grupo-clase. Debido a las dimensiones del DIN A3 ayuda volver a insertar la relación de alumnos en una columna final.*

INFORMES A LAS FAMILIAS

TABLA REGISTRO DE VALORACIÓN FINAL DE ETAPA
INFORME P-5
CONOCIMIENTO DE UNO MISMO

Curso_____ Fecha de exploración _____

Alumnos	Reconocimiento de sensaciones básicas	Cuida su aspecto personal	Reconoce su sexo	Control global del cuerpo. Motricidad	Autonomía	Hábitos
A25	5 ítemes	1 ítem	2 ítemes	11 ítemes	7 ítemes	13 ítemes

	Reconocimiento de sensaciones básicas				Cuida su aspecto personal	Reconoce su sexo		Control global del cuerpo. Motricidad								
	Sed	Hambre	Pipí	Caca	Mocos	Cuida su aspecto personal	Niño	Niña	Mantiene el equilibrio	Sube y baja escaleras	Salta con un pie	Tiene mov. armónicos	Sabe hacer volteretas	Controla velocidad en marcha	Es ágil	Realiza carreras y saltos	Anda con soltura	Sabe abrochar botones	Coordina mov. óculo-manual
Alumno 1																			
A2																			
A3																			
A4																			
A5																			
A6																			
A7																			
A8																			
A9																			
A10																			
...																			
A25																			

→

© narcea, s.a. de ediciones

EVALUACIÓN Y POSTEVALUACIÓN EN EDUCACIÓN INFANTIL

	Autonomía						Hábitos										
	Es mínimamente autónomo en el centro y en sus cosas				Necesita siempre de un adulto												
	Se desplaza solo	Reconoce desayuno	Va al lavabo	Se quita el abrigo	Reconoce desayuno	Va al lavabo	Se quita el abrigo	Se mueve con orden en la clase	Acaba el trabajo	Sigue la explicación del maestro	Habla bajito para no molestar	Espera su turno de palabra	Participa en la clase	Utiliza la papelera	Ayuda a los demás	Es responsable en sus cargos	Controla esfínteres	Ordena material común	Se organiza en el tiempo	Se organiza en el espacio
Alumno 1																				
A2																				
A3																				
A4																				
A5																				
A6																				
A7																				
A8																				
A9																				
A10																				
A11																				
A12																				
A13																				
A14																				
A15																				
A16																				
A17																				
A18																				
...																				
A25																				

Este tema lo valoraremos a través de la observación sistemática dentro de clase, en el momento de psicomotricidad, en el patio de recreo y comprobando si los hábitos se mantienen con todos los maestros que intervienen en la Educación Infantil (tutores, psicomotricidad, música, etc.).

Bibliografía

AGÜERA, I.: *Ideas prácticas para un currículo creativo. Buenas ideas en Matemáticas, Lengua, etc.*, Narcea, Madrid, 2002.
ALSINA, C.: *Del número 0 al 99. Fem comptes amb els contes*, Graó, Barcelona, 1993.
BALBUENA, L. y otros: *Palillos, aceitunas y refrescos matemáticos*, Rubes, Barcelona, 1997.
BARROS DE OLIVEIRA y BOSSA, N. A. (coord.): *Evaluación psicopedagógica de 0 a 6 años. Observar, analizar e interpretar el comportamiento infantil*, Narcea, Madrid, 2001.
BARTOLOMÉ, A. R.: *Nuevas tecnologías en el aula. Guía de supervivencia*, ICE UAB-Graó, Barcelona, 2002.
BERMEJO, V. y OLIVA, M.: *Aprendiendo a contar. Su relevancia en la comprensión y fundamentación de los primeros conceptos matemáticos*, Centro de publicaciones, Secretaría General Técnica, MEC, Madrid, 1991.
BERTRÁN, A. y otros: *Ejercicios para la adquisición de conceptos* (Basados en el test Boehm), Tea, Madrid, 1990.
BOULANGER, J.: *Juegos fáciles para pequeños*, Vilamalla, Barcelona, 1965.
BRUNHOFF, J.: *Historia de Babar*, Aliorna, Barcelona, 1987.
CAMPS, A.: *Ensenyament de la composició escrita*, Barcanova, Barcelona, 1994.
CANALS, M. A.: *Per una didàctica de la matemàtica a l'escola*, Parvulari, EUMO, Vic, 1989.
CARRERAS Ll. y otros: *Cómo educar en valores*, Narcea, Madrid, 2003 (12.ª ed.).
COLL, C. y otros: *Los contenidos en la Reforma*, Santillana, Madrid, 1991
CORBALÁN, F.: *La matemática aplicada a la vida cotidiana*, Graó, Barcelona, 1995.
CORZO, R.: *Los fenicios, señores del mar*, Historia 16. Colección Historias del Viejo Mundo, Madrid, 1988.
— *Los fenicios*, Vols. I, II. En *Orígenes del hombre*, «Arqueología de las primeras civilizaciones», Folio, Barcelona, 1995.
CURRICULUM EDUCACIÓ INFANTIL: Departament d'Ensenyament, Generalitat de Catalunya, Barcelona, 1992.

FONTS, M.: *Llegir i escriure per viure*, La Galera, Barcelona, 2000.
GARCÍA CORELLA, L.: *Un conte per a cada dia*, Susaeta, Madrid, 1983.
GAVALDÁ, D. y otros: *Breu viatge al món de les matemàtiques*, Caixa de Pensions, Barcelona, 1983.
GIMÉNEZ, J.: *Matemáticas en Europa: diversas perspectivas*, Graó, Barcelona, 2001.
GÓMEZ, J.: *Educació emocional i llenguatge en el marc de l'escola*, Rosa Sensat, Barcelona, 1992.
GÓMEZ, T., MIR, V. y SERRATS, M. G.: *Propuestas de intervención en el aula. Técnicas para lograr un clima favorable en la clase*, Narcea, Madrid, 2000 (6.ª ed.).
GRAVES, D. H.: *La didáctica de la escritura*. MEC-Morata, Madrid, 1991.
GUEDJ, D.: *El imperio de las cifras y de los números*, Ediciones B, Barcelona, 1998.

IFRAH, G.: *Historia universal de las cifras*, Espasa Calpe, Madrid, 1997.

JOLIBERT, J. [coord.]: *Forma infants productors de textos*, Graó, Barcelona, 1999.

MARUNY, LL. y otros: *Escribir y leer. Materiales curriculares para la enseñanza y el aprendizaje del lenguaje escrito, de tres a ocho años*. Ministerio de Educación y Ciencia. Edelvives, Zaragoza, 1995.
MCCARTHY D.: *MSCA «escala McCarthy de aptitudes y psicomotricidad para niños»*, adaptación española, CORDERO, A. y otros, Tea, Madrid, 1972.
MINISTERIO DE EDUCACIÓN Y CIENCIA: *Desarrollo Psicológico del niño de los 18 meses a los 8 años*, MEC, Madrid, 1981.
— Serie Preescolar nº 11 MEC, Madrid, 1982 y 1992.
MIR, V., COROMINAS, D. y GÓMEZ, M. T.: *Juegos de fantasía en los parques infantiles*, Narcea, Madrid, 1997.
MOLINA, P.: *Patatita*, SM, Madrid, 1983.

PALACIOS, J.; MARCHESI, A. y COLL, C.: *Desarrollo Psicológico y Educación I*, Alianza, Madrid, 1973.
PERELMAN, Y.: *Matemáticas recreativas*, Martínez Roca, Barcelona, 1986.

RODARI, G.: *Cuentos por teléfono*, Juventud, Barcelona, 1982.
— *Los enanos de Mantua*, SM, Madrid, 1986.

SANTOS GUERRA, M. A.: *Una flecha en la diana. La evaluación como aprendizaje*, Narcea, Madrid, 2003.
SEGARRA, L.: *Problemates, colección de problemas matemáticos para todas las edades*, Graó, Barcelona, 2001.
SELMI, L. y TURRINI, A.: *La sezione dei quattro anni*, Fabbri, Milano, 1977.
— *La sezione dei cinque anni*, Fabbri, Milano, 1977.

TOESCA, Y.: *El niño de 2 a 10 años*, Pablo del Río, Madrid, 1974.

WALLON, D. y DE WILDE, M.: *Vuestro hijo de 0 a 6 años*, Herder, Barcelona, 1981.
WENDI, I.: *Nido de erizos*, SM, Madrid, 1983.